新装版

# 年齢とともに伸びていく剣道

—心身融合への剣の巧みさを求めて—

年齢とともに伸びていく剣道―心身融合への剣の巧さを求めて―／目次

# 第1章

# 良い剣道、良い稽古とは

新春清々しい過日、研究室の電話が鳴りました。２０１４年1月のことです。「剣道時代の小林です」と言われ、何かと思い用件をお聞きしていると『剣道時代』への連載依頼でした。即答は避けました。何故ならば、私は、定年1年前の身であり、スポーツ科学部の教授会ですでに講義担当授業数を少なくして頂いていました。そしてその空き時間を利用し、これまでの教員生活を小冊子としてまとめる事にしていたためです。

数日後、正式な依頼と表題の詳細がメールで送られてきました。その依頼は、「年齢とともに伸びていく剣道」をテーマに論じて欲しいとのことでした。ふと思い起こせば、2年ほど前に私はスポーツパフォーマンス研究に「剣道修行過程における攻防一致から攻応一致への実証的検討」を投稿していました。それは加齢と共に強くなる可能性があることを論じた内容で本テーマと類似していることに気づかされました。そうか、この実証的な検討は私の生涯にわたる剣道修行をベースとしている。これをさらに読者にわかりやすく、また、私自身を再認識する上でこれまでの教員生活を披露する最高の場となるとあらためて心強くし、お引き受けすることにしました。

さて、私はこの半世紀に亘って多くの試合をさせていただき、負けることが多く、勝つことは出来ませんでした。そのために剣道が「強くなる為には、どうしたら良いのか」、また「上手くなる為には、どうすべきか」、さらに「学生の指導は、どうあるべきか」など、自己の修行と指導をおこなう中で暗中模索・試行錯誤しながら今日に至っています。

65歳を過ぎた頃から、体力の低下を著しく感じる中で剣道の本質的・文化的な事が少しずつ分かりはじめ、「難しさ」「奥の深さ」「発見と可能性そして進化」することを学んでいます。そこで、これまで自己の修行と研究そして指導体験を踏まえ、この連載を進めていきたいと考えました。

これまで剣道に関する書籍・雑誌は、多く出版されています。その多くは、技術に関するものや精神に関して著名人が手掛けたものです。

ここで執筆させていただく私の連載の旅は、あくまでも自分の研究と修行体験そして指導経験に基づいて得られた基本的な考え方とその対応・秘訣を概観しながら旅立つ事としたいと思います。

# スポーツ界の動向

## 東京オリンピック開催決定

連載を記述する前に、現在のスポーツ界の動向について概観してみたいと思います。何故ならば、年齢と共に伸びていく為には、修行者としてスポーツ界の動向を捉えなければならないからです。

２０２０年に第32回東京オリンピック・パラリンピックが開催されることになりました。これからの６年間はトップアスリートや現場に携わる関係者にとって、その技倆が問われ極めて大変な時期だといえます。

この原稿を書いているさなか第22回冬期五輪ソチ大会がおこなわれていました。フリースタイルスキー女子モーグルで上村愛子選手は４位入賞でメダルを逃がしました。上村選手は、１９９８年冬期五輪長野大会のときに高校３年生で初出場し７位、その後６位、５位、４位と順調に成長し、「今度こそはメダルを」と思い臨んだ大会でした。試合終了後、清々しい顔でインタビューに応じ、「もう一段上に上がる事ができなかった」、「最大の力を出せるのが理想。それがたくさんできた」と笑顔で答えていました。トップアスリートとして約20年間の競技生活を終え引退するとの事です。このように他のスポーツは20歳代から30歳代で引退をするのですが、剣道は、これからが本番なのです。剣道は、全日本チャンピオンになっても次の修行が待っています。それは六段、七段、八段と段位を取得し、指導者として修行することが求められているからです。したがって剣道には引退がないのです。

ちょうど今から50年前、私の学生時代でもある1964年に第18回東京オリンピックが開催され、世界のトップアスリートが繰広げるスポーツの祭典に日本中が熱狂しているように感じました。大松監督が率いる日本代表バレーボールチーム・東洋の魔女は、最後まであきらめず拾いまくる戦法と爆発的なアタックへの連携をモットーに優勝。オランダのヘーシンクは柔道無差別級の決勝戦において勝利した後、コーチ陣が喜び一杯で壇上に上がろうとする行動に対して冷静な態度を取った姿は、今でも脳裏に残っています。まさに彼は日本の武道の心を知っていました。

また、マラソンではアベベ選手が裸足で走り優勝、3位に入賞した円谷選手は、疲労困憊でなだれ込むようにテープを切った姿には涙が出ました。まさしく命懸けの戦いでした。その他、様々な競技の特徴が6年後の東京オリンピックのため甦ってきました。それは感動と涙でした。

一方、その当時の世の中を見てみると科学技術の発達とともに、新幹線や高速道路など交通機関が整備され便利になりました。家庭に於ける電化製品などの日常必需品が日本列島を横断し文化的で快適な生活ができるようになった事はいうまでもなく、現在の日本を支えた原動力となりました。しかし、豊かになり、便利になった反面、「日本人の心が希薄になった」とも言われるようになりました。さらに人と人とのコミュニケーションの欠如がもたらす社会病理が蔓延し、道徳的規範が問われる日本になったと言われています。

例えば、青木照夫氏の著書『いまなぜ武士道なのか―現代に生かす「葉隠」100訓』によると「今の日本はあたかも世紀末のように乱れている。いわゆる『末法の世』である。親が子を投げ捨て、子が親を殺害し、警察官が泥棒をし、消防士が火を付けて歩く、はたまた、教師が生徒を誘惑し、政治家は利権獲得に明け暮れ、企業は偽装し、男は女装し、女は裸足で歩く。これを末法と言わなくて、なんと言うのだろうか。そこで思い出されるのが葉隠である」（ウェッジ文庫）。青木氏は、『葉隠』で結論づけ、昨今の社会に於いて武道精神の必要性を説いてます。

## 中学校武道必修化に思う

上述の如く世の中が乱れているという指摘から、学校教育において武道の必要性が問われ、中学校において武道が必修科目になりました。そこで中学校の体育正課授業の教材は、これまでのように技術を早く上達させ試合ができるようにするのでなく、剣道・柔道・相撲・薙刀・空手・合気道など文化としての総合武道として捉え指導する事が必要となります。何故ならば、武道必修化の経緯として中央審議会の意図とするところは、武道の授業を通して伝統的な素晴しい特性を指導する事が本音であると考えられるからです。つまり日本人として「こころ」のありようを説くのが趣旨だと思うのです。

しかしながら文部科学省の指導要領は、他のスポーツと同様なカリキュラムになっています。これは従来の考え方と同様である。例えば、歴史を説く場合、剣道の歴史を説くのでなく総合武道として教授することが必要であると思われます。また、実技面では礼法を取り上げ、それぞれの種目に礼の特徴があるように、これらの特徴を如何に理解し実践するかが必要となります。さらに、歩行を取り上げ、どのように歩けば良いのか、足捌きはどうすべきかなど子供たちに興味を持たせ、自ら勉強し日本武道の良さを知り実践する指導が必要となるのではないでしょうか。同様に、構えには様々な構えがあることを説き、何故構えが大切なのか、攻めは何故必要なのか、受け身は何故大切なのか、など武道に内在する特性を比較検討しながら生徒に学ぶ姿勢をもたせる事が肝要となるはずです。

当然のことながら、生徒への動機づけに関して教員サイドの工夫が必要であることはいうまでもないことでしょう。部活動においては、さらに質の高い目標を目指し、人づくりを目的に、目標は強くなる、試合で勝つ喜びを味わい、負けては悔しさを知り、次へのステップとして師弟同根の教育が必要になると思われます。したがって、教師自ら学び学習者とともに実践する事も、一つの指導法となるのです。

## スポーツ・武道と暴力

スポーツ界においては、競技力向上を最優先し、勝つ事のみに捉われる傾向があります。その指導結果として指導者の暴力問題が指摘され、襟を正さなければならなくなりました。私自身、指導者に一度も暴力を振るわれた事がありません。これまで指導して頂いた師は、戦前軍隊で教育訓練・修行され人たちばかりでした。勝つ事を重視しながらも、心のありようを解き、人としてどう活きるべきかを身をもって説いてくださいました。今は感謝の気持ちで一杯です。同時に若い人たちに伝える義務があると感じています。

このように良い事があれば、その逆の現象も表れる事となります。我々剣道修行者は、正しい事を自ら行い伝えなければならないと思います。何故ならば、それは国力になると同時に人としての道だと思うからです。

# 剣道の研究をはじめたきっかけ

## 教育・研究

教育は、字のごとく教え育む。つまり、論理的な知識や高度な技術そして自己の体験・経験。さらに、その基となる原理・原則などを解くことでしょう。その為には研究が必要であり、裏付けが必要です。大学教員は、それを研究する時間が与えられています。

私の研究の動機は、大学に赴任して剣道部の活動中に素振りを中止させられた事に始まりました。監督の立場で指導しているときに突然、師範が「素振りを止めろ」「君たちの素振りは、肩に力が入り、逆効果だ」と言われ、素振りができなくなりました。昔から素振りはどこでも、誰でも行っています。何故だろうかと疑問に思いました。そこで説得する為には、科学的な根拠が必要であろうと考え、運動生理学研究室の福永哲夫先生を訪ね「剣道の素振りと打撃動作時の竹刀に加わる力の作用」について研究し、発表を行いました。その結果、素振りは打撃運動において効果的である事を明らかにし、部活動において再び素振りを復活させることができました。師範は「研究をしなさい」と言う無言の教育を私にしてくださったのだと思います。このように実践の場で活かすことのできる研究が必要であると気づかされました（これら研究成果は後述）。

大学での教育活動は、これまで武道論や剣道論そしてコーチング論の講義、さらに実技・演習・ゼミナール・卒業論文そして部活動を担当してきました。教育は、研究と体験・経験に基づいて指導教育するのが定石です。若い頃の指導と現在では全く違っている事に気づかされることはしばしばです。

若い頃は、試行錯誤しながら指導を受けた事と自分が体得した技術を伝える指導であり、内心では感情的になる場合が多かったです。しかし年齢を重ねてからは研究と体験により、「何故か?」「どうしてか?」「どうしたら良いのか?」など、考える教育・指導に変貌していることに気づきました。つまり、様々な研究の積み重ねと体験・経験によって自分が変わり、その自分に適応を繰り返すのです。今は、若い頃に比べある程度自信をもって指導ができるまでにようやくたどり着いた気がしています。それは剣道の本質を捉え、原理・原則に基づき論理的に指導実践できるようになったと思うからです。しかし、指導法は、どれが良いとは言えない永遠に進化するもので常に研究心を持っている事が肝要といえるでしょう。

## 研究から原理・原則を学ぶ

現在の研究分野は、科学技術が進歩し試作された機器を使用すれば、すぐに実験結果が得られます。私の若い頃は、手作りで実験用機器を自ら作製し実験を行いました。少し専門的な表現を用いますが、「素振りと打撃動作時の竹刀に作用する力の研究」において、握りの力を測定するため、鋼板(長さ15㎝・幅1・5㎝・厚さ3㎜)にストレンゲージを貼付し竹刀の柄部に設置しました。得られたデーターは磁気テープに記録しX―Yレコーダーおよびレクチコーダで再生しました。この実験から、力を測定する為にストレンゲージを貼る事から学んだのです。つまり、原理を理解することが重要なのです。

これらの事から、物事を明らかにする為には、原理・原則に基づいて行わなければならない事を研究から学びました。この様な研究からも剣道の基礎・基本、つまり原理・原則の必要性を再認識したのです(これらの研究結果も後述します）。

# 剣道とは何か、競技とは何か

## 剣道の特徴

私は、剣道の手ほどきを受けてから55年間の半世紀にわたり修行中です。65歳の頃から剣道がようやく楽しくなりました。それまでは決して楽しいものではありませんでした。どちらかと言えば苦しかったのが本音です。現在69歳ですが、今が一番楽しいと感じています。それは構えたときに適切な機会に技が自然に発現し打突できる事、相手に受けられても捨て身の技が発現できれば良いと考えるようになったこと、また、相手の打突に対して出頭技や応じ技ができるようになったこと、さらに、打突後、技が繋がるようになったことが自在に可能となってきたからです。それは間合いにおける絶対感覚の創出であると感じています。

また、全日本剣道選手権大会で活躍しているトップアスリートや全日本剣道八段選抜剣士と稽古をお願いし、真剣に稽古ができることから剣道は素晴しいと感じざるを得ません。特に剣道は加齢と共に強くなる可能性があることを感じたのは、70歳代、80歳代の著名な剣道家に稽古をお願いし一本も打突できないことや打突したとしても心で打たれていることを感じたからです。

また、強いと言われた剣道家のＶＴＲやＤＶＤを見るとまさに剛剣で強さや玄妙な技を感じます。さらに故人となられた剣道家の話を聞くと「あの先生は強かった、手も足もでなかった」、「剣先が強く打ち込めなかった」「道場の壁に突き飛ばされた」と言う話を聞くことがあります。このように剣道は加齢と共に強くなる可能性があり、他のスポーツではみられない格闘技・コンバットスポーツ競技の特徴をもつものが武道として位置付けられるのではないでしょうか。

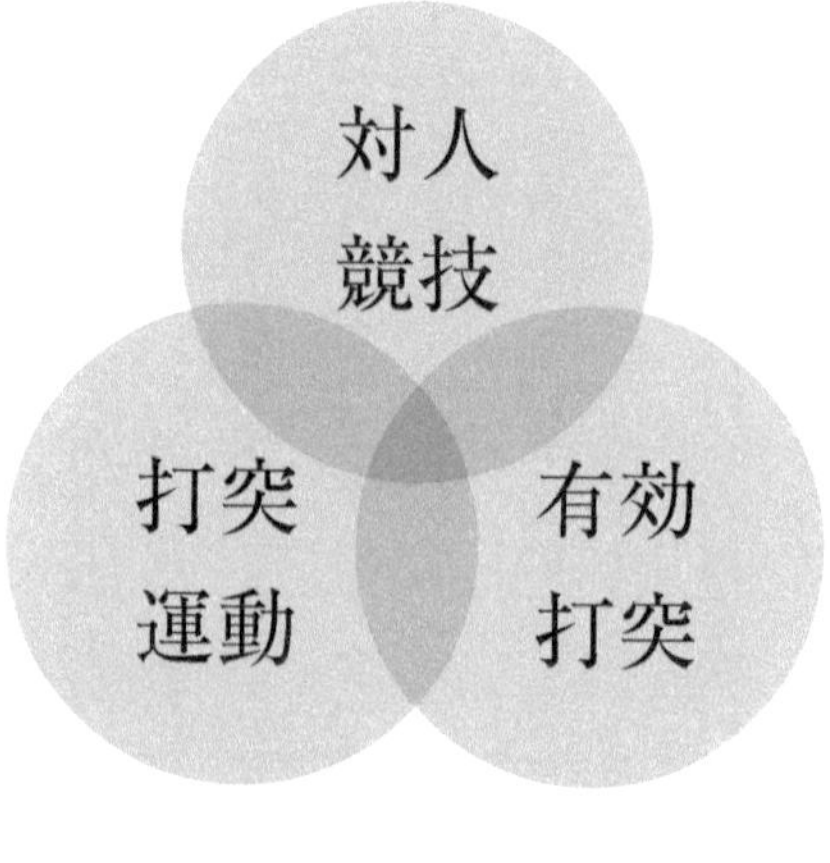


図1―1　剣道競技の特徴

## 競技の特徴

剣道は、他のスポーツのように楽しむゲーム的要素が少ないのが特徴です。しからば、何故続ける事ができるのでしょうか。若い頃は、試合で勝った喜びと稽古で打突できた感覚を味わい。負けたときは悔しさで次の試合に勝利しようと稽古に励む事から、その後も続けられるからでしょう。競技としての剣道は、剣道具を付け、竹刀をもって打突し合う競技です。つまり、身体運動学的にみると対人的競技で有効打突を得る打突運動に分類できます。

剣道競技は、竹刀を持って約8～10kgの剣道具・剣道着・袴を着装し、4分から5分の試合時間を全身の筋肉を働かせて行います。この運動の一試合に要するエネルギー量は私たちの研究によると40～60㎉に相当しています。優勝戦までには6～7試合対戦することになります。したがって、この間に要する総エネルギー量は240～360㎉が使われることになります。そのうち有酸素エネルギーが約80%動員され、無酸素エネルギーが約20%動員され、相当に激しいハードな競技といえるのです。これらの事から、瞬時に決する競技で瞬発力が必要であるとともに持久力としてのスタミナも必要なのです。

# 間合いの中には何かがある

## 剣道の捉え方

私が、学生の頃興味をもっていたのは、「剣道の間合いの中には何かがある」という、極めて難解な技術論を課題として取り組もうとしたことです。この問題の契機は、学生の頃に「試合に勝ちたい」「勝つためにはどうすべきか」「強くなるためにはどうしたらよいか」について追求する事でした。また、教員になってから講義をするなかで、「剣道とは何か?」「剣道の原理とは何か?」「剣道の技術構造はどのようになっているか?」などを暗中模索・試行錯誤しながら、稽古に勤しんでいる中で剣道の原理と技術構造の図を考案したのです。

私の学問の師匠である東京大学の福永哲夫博士（現在鹿屋体育大学長）と我が家で食事をしているとき、その模式図を見て頂き、ご教示願って「剣道の原理」と「剣道の技術構造」の図の完成に至ったのです。その後、「教養剣道の原理」、競技から健康そして心身調和への道を中京大学体育学論叢第40巻第2号に投稿し、剣道時代にも発表させていただきました。このようにして「剣道の原理」と「剣道の技術構造」が構築されたのです。その時の資料に基づき概説します。

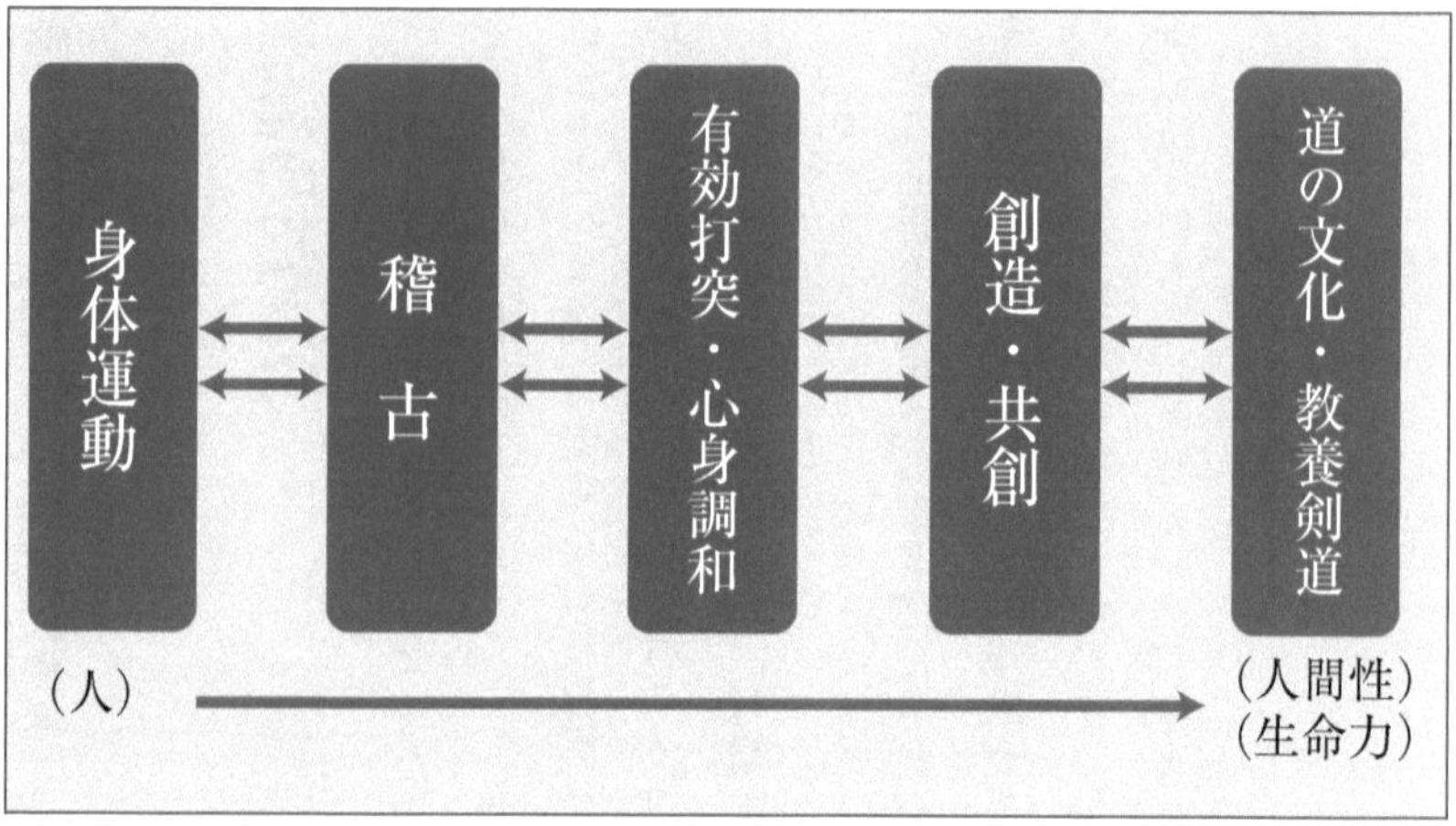


図1―2　剣道における五つの柱

## 五つの柱

剣道は、身体運動学的には対人競技で打突運動に分類できます。図1―2は剣道における五つの柱を示したものです。剣道で展開される多くの動きにみられる身体運動は稽古とも言われます。稽古は有効打突を得る為におこない、有効打突を得る為には心身が調和しなければなりません。心身を調和する為には、相手と共に良い心境を創らなければなりません。これを共に創ることから共創と名づけました。共創する事により創造性が高まります。それを何年も続けることが道の文化となり、人間の生命力を高める根幹をなします。これらを五つの柱として捉えるのです。

剣道は幼少年より老齢までともに稽古ができることが特徴といえます。すなわち、年齢などその人のそれぞれの資質に応じて行える運動ともいえます。剣道は、高齢になるまで修練ができ、しかも強くなる可能性があります。それは、自己と相手との相対関係の中に空間的距離間隔（間合い）があるからです。しかし、ただ打突するのでなく攻防動作のなかでの間合いのやり取りが魅力で、よい心境がで

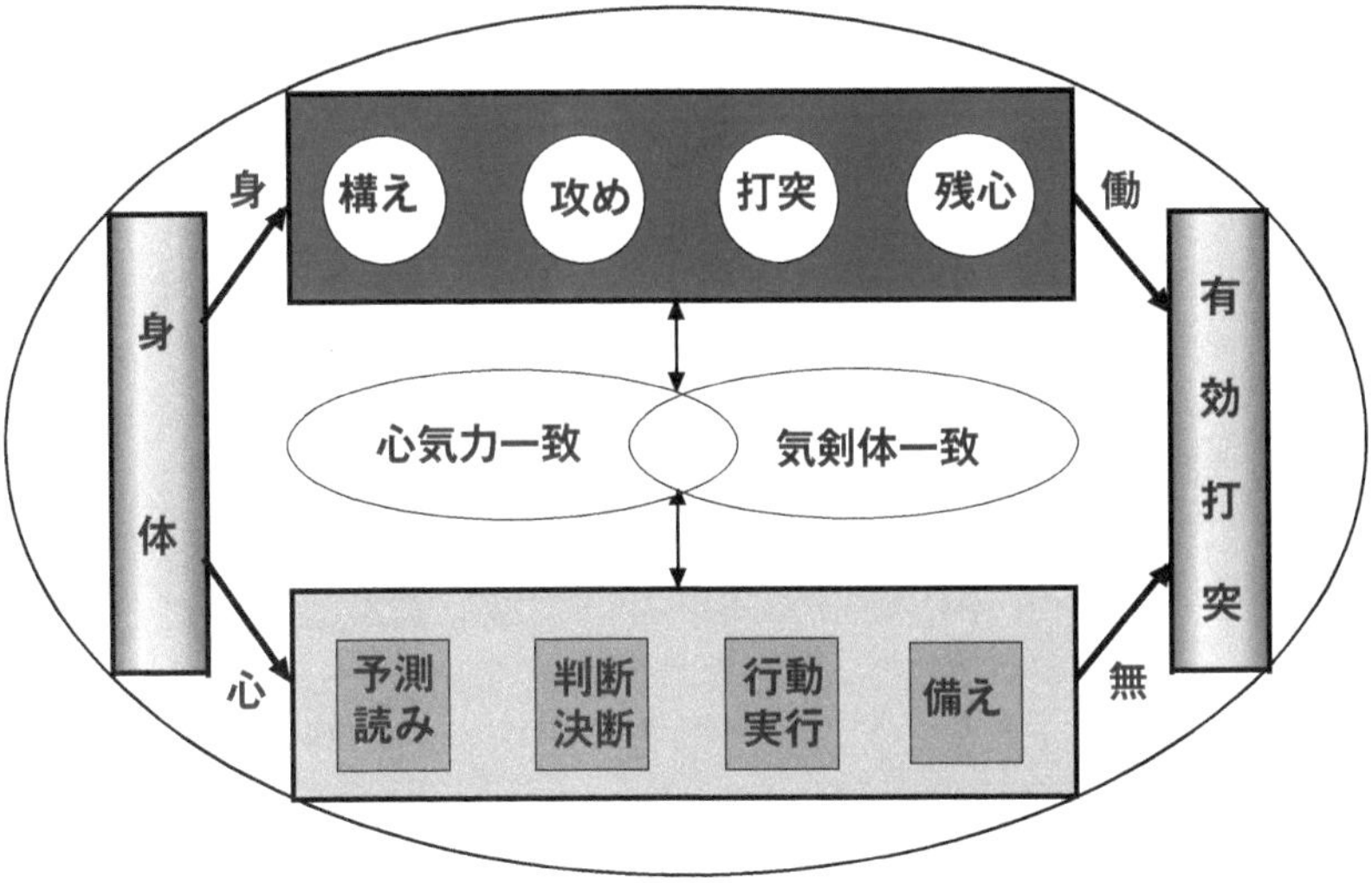


図１―３　剣道の技術構造

き技が発現できたのか、身体がどのように働いたのか、相手の攻め・打突に対してうまく対応できたのか等が身体運動としての心身の健康と人間性を創出する。この事が剣道の魅力といえるのではないでしょうか。

## 剣道の技術構造

図１―３は、剣道の技術構造を示すものです。身体は、身（技術面）と心（精神面）から成り立っています。技術面では、相対動作の中でお互いに構え、相手を攻め・崩し、隙の生じたところを一挙動（一拍子）で打突し残心をとります。また、相手の打突に対して応じて打突することにより有効な打突を生むことになる。一方、精神面では、相対関係の攻防の中で相手を予測・察知し（よみ）、瞬間的に判断・決断して行動・実行すると同時に常に次に繋がる心構え・身構えを創出します。

　こうした両者の戦いの場を心身両面からみると、構えの中では、常に「心気力一致」の心境を創り出し、充実した気迫と気力で「気剣体一致」した捨て身の打突をすることができます。これが剣道の真髄であり無限大のエネルギーを養うことになる。このことが有効打突を生み、心身の調和をもたらします。つまり、必要条件を修練し、十分な条件を創り絶対条件を創出します。そのことにより勝つべくして勝利を修めることを導き出します。そして常に深く自己を自覚し、全ての物事に対する適切な対応の仕方を創造・創出する「知」を育ててくれます。こうした剣道の中で育まれる各々の特性が間合いの中にあると言えるのです。学生の頃に「間合いの中に何かある」ことが実証できたのです。

この技術構造を作成した事によって、各論として構えは如何にすべきか、攻めはどのようにするのか、打突時はどうしたら良いのか、残心は何故必要なのか等の原理・原則を解く事が必要なのです。

## 剣の場は対立の関係

剣道の原理と技術構造を構築し、その研究成果を自覚しながら自己の修行に勤しんでいます。それは良い剣道、良い稽古を心掛け「気」の集中と「気」を高めることを育みます。そして「気」を持続させ真っ向勝負の気持ちで稽古をすることによって、稽古の時間が短く感じるようになっていくのです。ところが長時間になってくると打たれることが多くなってきます。気の持続ができなくなるのです。私はこの自らの検証をもとに今でも稽古を長く持続できるように修行を心掛けています。

また稽古は、遠間で行うように意識しています。何故ならば、間合いが近いと「心」が動く・乱れるからです。年齢を重ねると脚筋力がなくなり遠くから打てなくなります。初心者や中高年から剣道を始めた人への指導の際に、殆どの受講者は間合いを詰め近づいてから打とうとすることが共通していました。この状態(近間)に気づかず、打とうとすると間合いが近くなり打てない。つまり、常に遠間での稽古を意識すれば遠間から打間に入るのが攻めになり、相手の変化も捉えることができ、打ってくれれば「応じ」あるいは「出ればならない。相手を攻めて打ちを出させ、その打ちを捌いて打つ、また、防御すれば崩して打つなど遠間で稽古をすれば打突は容易となるのです。

もう一つの変化は構えを変えたことです。これまでは、左手を身体の中心におき、剣先を咽喉部につけその延長線上が目と目の間になるよう意識して稽古を行っていました。今は、左手をやや正中線より左におき、剣先は相手の左目につけるように変えました。剣先は正中線からやや外れていますが、表鎬の一点で中心を取るように心掛けています。相手にとってはこの構えで立合うと剣先が外れていることから打ち易いと感じます。如何に相手を打ち気にさせるかが高齢になってから必要と感じたのです。これらの日々の研究・検証を通して剣道の原理や技術構造を構築したことにより、剣道は対立の関係にある事を自ら理解した事で自らを進歩させた所以となりましょう。このように剣道を変えていくことが加齢と共に必要だと思い、今後の連載の中で述べてみたいと思います。

ところで最近の試合は、見ていても楽しくなく、つまらないと感じることがあります。それは防御が多いからです。例えば、三所防ぎや霞の防御が多いことと間合いを詰めて近間になるような傾向が見られます。つまり、競技化が進めば勝つ為には、打たれない防御を考え、そこから打突に入る技術を学んでいるように思われます。他のスポーツをみてもほとんどが守りから入り攻撃へと変わっていきます。それがスポーツの本来の姿かもしれません。しかし、剣道は「攻撃は最大の防御」と言われ、「正々堂々・真っ向勝負せよ」との教えがあるように指導することが肝要かとつくづく思います。

これらの事から、図１―４のように相対した場合の関係性は、対立の関係にあると考えられます。つまり、「打たれないで打とう」と言う意識が働くのです。両者が目から見た情報が脳細胞に伝達され、脳から脊髄を通って感覚器つまり手に伝わり、関節や腱そして筋肉が働き竹刀が操作され打突するのです。目で見た情

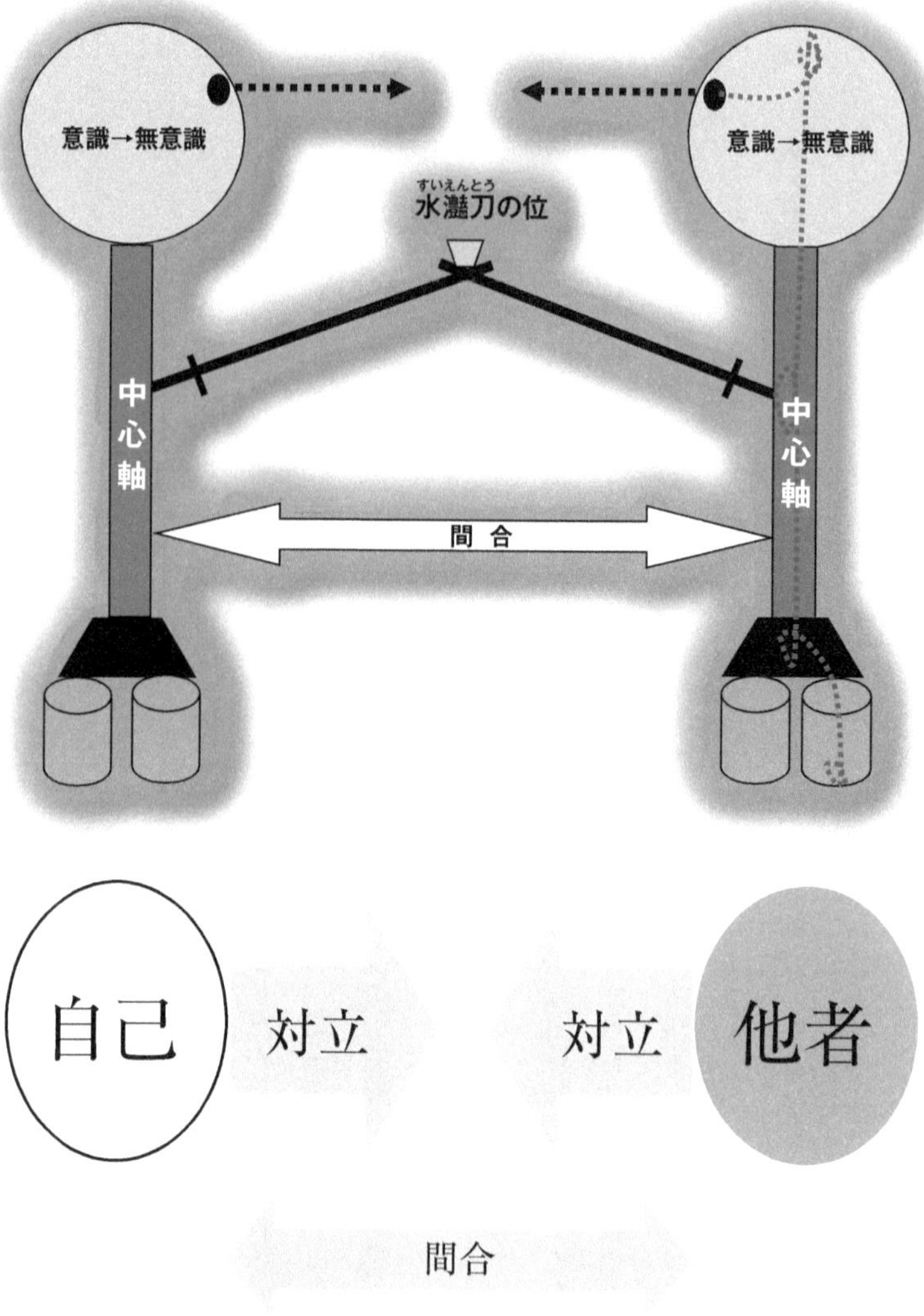


図１—４　剣の場は対立の関係にある

報と竹刀で触れ合う感覚と間合いを察知する足感覚などが総合的に働き、反応的動作と反射的動作が行われるのです。目で見た情報が脳に伝達し動作をする場合は反応動作で、脳に情報が伝わらないで直接脊髄を通って動作するのです。これを反射と言います。これらの事を知り稽古すると技術の向上につながります。そのためには、遠間（水瀧刀の位）で稽古することが大切です。

## 求められる剣道

今求められる剣道は、「良い剣道」「良い稽古」でしょう。誰が見ていても「強い」「上手い」「美しい」「位が高い」「堂々としている」「気が充実している」「見事な技」などが良い剣道であると思われます。

良い稽古とは、稽古をお願いし、また明日稽古をお願いしたい様な気持ちになれる稽古であろう。つまり、気が充実し、適切な間合いで攻防動作を繰り返し打突の好機を捉えて打突する様な稽古です。昔の先生方は、良いところを打突すると「参った」とか「良いところを打った」あるいは、「片手をわずかに上げ参った」の、かたち姿を示し気持ちよく稽古ができました。こうした事は、試合や京都大会の立会いでも時々見られた。しかし、最近はほとんど見られないように思います。

一方、稽古をお願いしたくない稽古は、気を抜いた稽古や間合いをどんどん詰めてくる稽古、あるいは向かえ突き・待ち突きをする稽古、また、打突し勝手に気を抜いて元の位置にかえるような稽古などでしょう。こうした稽古をする人とは、稽古をお願いする気にはなれないから戒めなければなりません。

いずれにしても稽古の後、スッキリした爽快な気分、ジワーと汗が滲み出るような稽古は、稽古時間が短く感じ、良い稽古であるといえるのです。そのような稽古が常にできるための方法もふくめ、私なりに紹介していきたいと考えております。

# 第2章
# 攻防一致の攻撃剣道

つい最近、卒業生を送り出しアッと言う間に新入生を迎え春爛漫の清々しい新学期を迎えました。この様な光景を47回も繰り返して来たのだと自問自答しました。今年も京都で第110回目の全日本剣道演武大会が始まろうとしています。全国からあるいは海外からも剣道愛好者達が一年間修行してきた技倆を武徳殿で競う季節と成りました。

前章は、「事は始め・思うままに」と題して、剣道の動機から現在のスポーツ・武道界の動向と筆者の稽古や研究で学んだ事、そして剣道の捉え方について述べさせて頂きました。今回は、「修行過程における剣の術　攻防一致の攻撃剣道」について概観を述べさせて頂きます。

## 剣道の目的と方向

剣道は現代社会において、日常生活とは切り放せない密接な文化の一つとして世界的な規模で実施されています。剣道修行の動機や目的は図2―1の様に、①競技として（競技剣道）、②段位取得として（段位剣道）、③健康のために（健康剣道）、④理合を会得する（形剣道）、⑤己を磨き高める（教養剣道）といった剣道に分けられると思います。それぞれの目的は独立したものでなく、お互いに密接な関連を有しています。競技剣道を修行する者にとっても健康でなければその目的は達成できないでしょうし、健康のための剣道を行っている者にとっても競技的な要素があったほうが長続きしますし、楽しみを深めることもできます。さらに、段位取得や剣の理を取得する形剣道は、将来にわたり質を高める文化的側面を持っています。

教養剣道は、広い知識から得た心の豊かさと幅広い精神、そして技術の修養を積んで心身の調和を計り、豊かな精神的活力を身につけるものと考えられます。

あらためて剣道を考えてみると、いかに他のスポーツと違って特異的なものであるかに気づかされます。まずは、剣道着・袴をはき、剣道具を付け、竹刀を持って相手と向き合い、一定の間合いを取り攻め合う中で打突の好機を瞬時に捉え有効打突を得る事に集中します。試合においては4分から5分、審査においては1分から2分集中する。つまり、短時間の戦いと言えるでしょう。しかし、試合においては優勝戦までに6試合から7試合対戦することになります。瞬時に決する競技で瞬発力が必要ですが、持久力つまりスタミナも必要なのです。なぜならば、試合においては早朝からコンディションを整え、開会式に臨み終了後、再び試合のできるよう調整を行い試合に臨みます。トーナメント方式で勝ち上がっていきますと夕方までかかり、約6時間から7時間の長い戦いになります。

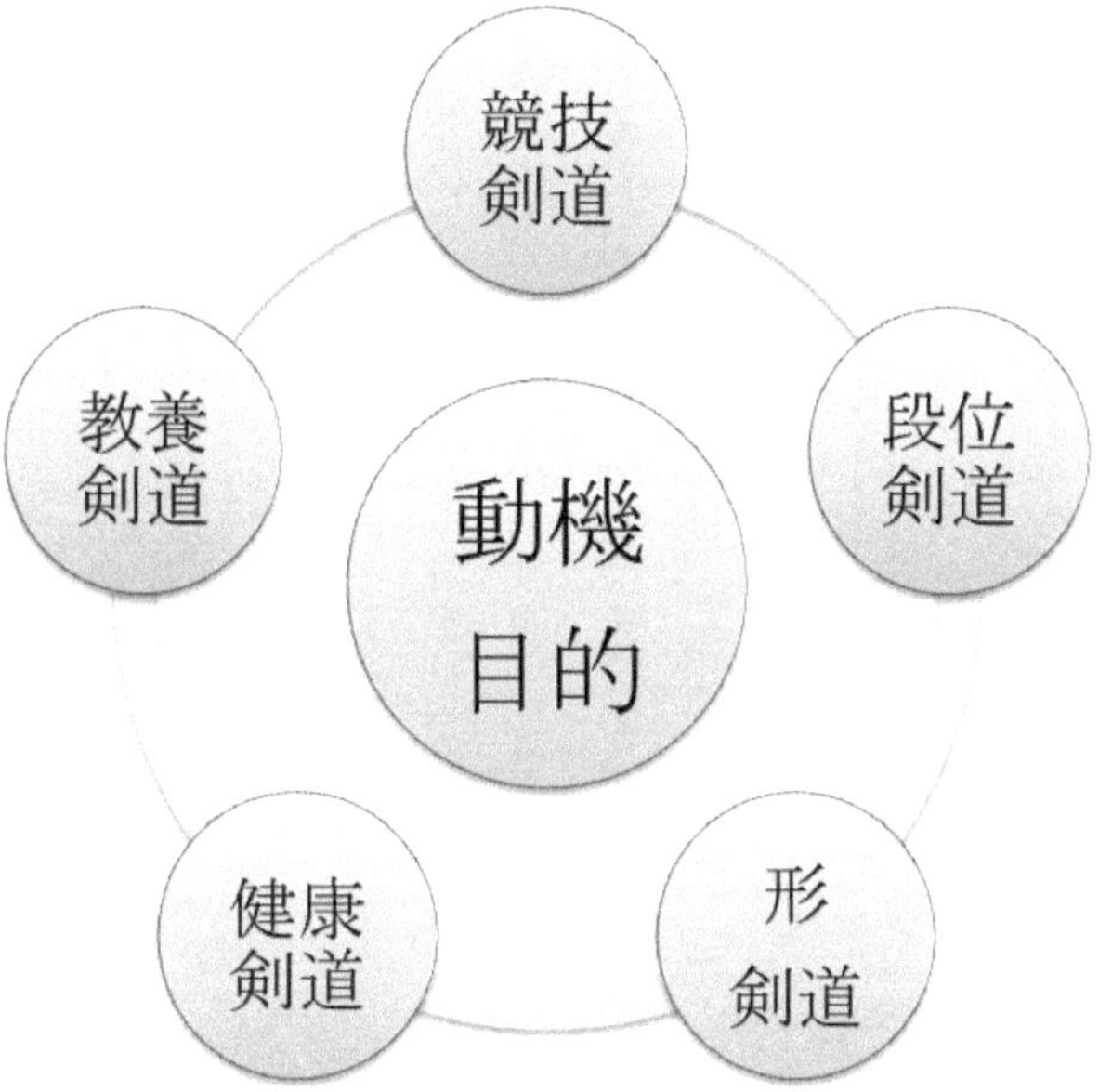


図２—１　剣道の動機と目的

　また、審査においては、試合と同様に早朝から準備をし、審査の受付を行い再びコンディションを整え審査に臨みます。八段審査は一次が合格すると二次審査があり、二次審査の始まるのが17時〜18時頃になり、二次審査が合格しますと形審査があり終了するのが18時から19時近くなる事もあります。

このように早朝から夕方までの長い戦いであり個人がこれほど長い時間、孤独に集中し緊張をつづけるスポーツは少ないと考えられます。

また、剣道は、格闘技的に老若男女ともに、いつでも、どこでも稽古ができ、加齢と共に上達の可能性があることが一つの特徴です。剣道愛好者は、それぞれ自己の目標を設定して稽古に励みます。若年の頃は、試合に勝つ事を目標に稽古に打ち込み、その中で段級審査を受け昇段の喜びを感じながら稽古を行います。中高年になると更に高段者を目指し指導者としての資格を目標に精進します。また、生涯剣道として健康のために稽古を行うのが一般的でしょう。

しかし、剣道は有効打突を得るために激しい攻防動作を展開するため格闘技的な要素が多くあります。よって全日本剣道連盟では、「剣道の理念」（剣の理法の修練による人間形成の道）を掲げ、人づくり・こころづくりを明確な目的とするようになりました。

この様な事から、剣道は古来より日本列島の至る所で行われ、脈々と根付き、日本民族の伝統的文化として受け継がれていることも一つの特徴と言えましょう。剣道は勝つ事のみにとらわれず、総体的にバランスの取れた文化的な特徴が理解され、今では世界的規模で実施されています。

## 剣道の修行

剣道は、他のスポーツと異なり遊戯的・遊びの要素が少ないのが一つの特徴と言えます。それは、武術として真剣勝負の「戦の場」で発生・発達し、幾多の変遷をへて修行的要素を踏まえ、武道として構築されたからでしょう。

剣道愛好者は、遊戯的・遊びの要素が少ないにも関わらず、手ほどきを受けてから、ひたすら稽古に励んでいる。稽古に心を奪われ、しまいには仕事も忘れ、ときには家庭さえも犠牲にしてしまうほどです。

筆者は、16歳で剣道の手ほどきを受けその後、半世紀にわたる剣道の修行を継続しています。剣道修行の条件は過酷なものであり、「なぜ　これほどに苦しい事を永きにわたって続けてきたのか？」と呆然とした事が何度もありました。しかし、65歳を境に剣道の楽しさや面白さが漸く分かるようになりました。剣道は長期にわたる修行の継続によって熟錬度が高まる可能性のあることを自ら経験しました。今後、剣道の真髄に迫るべくその追求を継続することになるはずです。

## 恩師の指導とその影響

剣道が年齢と共に伸びていくには、過去の体験・経験がなくては語ることができません。この章では、恩師から学んだ事例を述べることにします。

剣道の上達は、「良い師・良き指導者について学べ」と言われています。あらためて恩師の指導および稽古を考えてみると、その後の修行段階で多大な影響を及ぼしている事に気づかされます。剣道に対する考え方、修行の仕方、技術に関する剣の理など、恩師から指導を受けた内容が基礎・基本となり、身体の中に体験・経験智として今も根付き自己実現の道と成っています。そこで、筆者の修行過程の実践事例を取り上げ、青年期の「剣の術」の攻撃剣道を概観し、上達の可能性を探ろうと思います。

筆者の恩師は、勝負師ばかりでした。高校の頃は、浅川春男先生（第４回全日本選手権者）、学生の時は近藤利雄先生（秋田国体・大将優勝）・恵土孝吉先生（全日本選手権準優勝・全日本学生選手権優勝２回・

浅川春男先生

近藤利雄先生

恵土孝吉先生

伊保清次先生

準優勝２回）、教員になってからは三橋秀三先生（宮内省皇宮警察武道大会昭和７年錬士号の部優勝・昭和14年教士号の部優勝）、伊保清次先生（第９回全日本選手権者）で試合の達人・名人ばかりでした。この様な蒼々たる試合巧者の先生に稽古・指導を受け、その概要を紹介すると、次のような内容でした。

## 基本に徹底（高校時代）

剣道の動機は、ヒトそれぞれによって違います。筆者は「剣道は礼儀正しく・永くできるから良い」と言う姉の助言で高校から本格的に剣道を志しました（中学時代は柔道部）。

高校時代は、浅川春男先生（範士八段・第４回全日本選手権者）に徹底的に基本を叩き込まれました。先生の指導方針は終始一貫して「基本に準拠する」ことでした。自身の具体的な理論のもと、自らが剣道具を付け「基本の面打はこうだ」「払い技はこうだ」「出頭技はこうだ」「すり上げ技はこうだ」「抜き技はこうだ」と仕掛け技と応じ技に分け模範を示されました。

模範を示されるときに先生のお相手をすることにより、その方法論と感覚がわかりました。つまり、模範されるときの言葉や観察ではわからないもの、それが感覚なのです。例えば、捲き落とし技の場合、捲く・捲かれる・捲き方の感覚が身体でわかるのです。したがって、今は指導の中で実際に自ら模範を示し、相手がその感覚が分かるように心掛け実践しています。このことが私の基本稽古なのです。

また、試合を想定し「身長の高いものにはこうだ」「剣先の強い相手にはこうだ」「上段に対してはこうだ」と実践で勝つ為の模範も示されました。先生の指導は「こうだ」と言う「決めつけ」が特徴で自身の稽古であった事が後からわかりました。また、仕事の関係で指導できないときは、「第１打ち込み」「第２打ち込み」「第３打ち込み」を創られ、仕掛け技と応じ技に分けたカリキュラムを考案され、部員達が進んで稽古ができるような指導実践法でありました。

さらに、稽古の前後に講話をされ、勉強のできない者は「強くなれない」「試合に勝てない」、生活がしっかりしていない者や思いやりのない者は「運がつかない」、さらに剣道は残心が大事だ。「残心は　心の備えと身の構えだ」そして「残心は出発でもある」この事が「勉強にも仕事にも役立つのだ」と強調され、ヒトとして人生の教訓を唱えられました。

ところで先生は「虚実」の話を実践指導の中で時々されました。担ぎ小手や面と見せかけ小手を打つ技は「虚」をつく技です。試合の上手い人は、ここという場面で時々使います。「虚」を使うヒトは「気をつけろ」。また、「虚」をつく技は「大成しない」とも言われました。大成するためには、「実」の攻めが必要だ。「実とは中心だ。中心を攻めて真っ向勝負する剣道でなければ強くなれない」とも言われました。

このように、先生の指導は、基本に忠実で強くなり試合にも勝つ指導法であり、さらに社会生活で役立つ指導理念だったのです。

指導を受ける中で部員は、インターハイ・国体の全国制覇を目指し精進しました。私は、一般の寄宿舎（寮）生活をしていた関係で1人早朝ランニングを行い、昼食後は道場の鏡に向かって素振りをおこないました。部活動が終わってからは、雙柳館道場へ夜の稽古に出かけ一般の人たちに稽古をお願いしました。このように高校時代は、剣道三昧の毎日で、インターハイと国体に出場させて頂いたが勝つ事はできませんでした。このときの剣道は、ただ打つ攻撃剣道でした。しかし、高校時代の体験と修行が身体の中に蓄積され財産となり、現在も私の剣道の基礎・基本を成しています。

この年齢は、「強くなりたい」「試合に勝ちたい」「日本　になりたい」の「なりたいづくし」で意欲があり、どのような事にも耐える事ができると同時にどん欲に打ち込むことができる年齢です。筆者の体験から、剣道を通して心身ともに徹底的に鍛えることが肝要となりましょう。なぜならば、理窟抜きに身体で感覚を覚える年齢であるからです。しかし、健康に注意を図りつつ適切な稽古量を考える事が必要でしょう。但し、鍛えるための暴力的指導は謹まなければなりません。

# 徹底的に勝つ剣道

## 学生時代

大学に入学した頃の剣道部は、高校剣道と全く違っていました。部員が少なく、道場が小さく、稽古時間も短期集中で短いものでした。稽古は、準備運動に始まり素振り、切り返し、地稽古・懸かり稽古・切り返しの一連の稽古法で先生と上級生が元立ちで約1時間でした。

指導者は、近藤利雄先生と恵土孝吉先生でした。そして時々、榊原正先生（第1回全日本選手権者）や鈴木守治先生（第6回全日本選手権者）が稽古に来られました。

稽古が始まって、近藤・恵土両先生の稽古が始まると2人の稽古が延々と続き、見取り稽古で終わった事も度々でした。このときの稽古風景を概観すると、近藤先生が攻めるのに対して恵土先生は気迫と足捌き、そして剣遣いで徹底的に打って出ていく稽古でした。まさに攻撃剣道でした。見取り稽古で感じた事は、恵土先生の稽古は、「気力・気迫」「巧みなフットワーク」「冴えた技」「持久力・スタミナ」「技が繋がる」「負けない根性」といった勝つための絶対条件が備わった稽古だったと理解しています。

新入生のころ恵土先生に稽古をお願いしたとき、手も足も出ませんでした。間合いに入るや間髪を入れずアッと言う間に数本打たれ、「速い」「強い」の一言で機関銃のようでした。その後、恵土先生から一本取るようになれば試合は勝てると思いました。

近藤先生との稽古は、次から次へと前に攻められ打つ機会を与えない稽古で壁板まで下がり最後は懸かり稽古になっていました。先生は難しい、偉丈夫な稽古だとつくづく感じました。近藤先生と長く稽古が続けられるようになればスタミナ・持久力がつくと思いました。

ところで近藤先生は、誰もいない教員控室や道場で鏡に向かって相手を想定し、攻め方の一人稽古を実践されていました。このように一人稽古の努力されている姿を見たことが今の私に根づいています。先生は稽古の後、「四季に因んだ自然界」や「宇宙・地球の引力の法則」など、学生では到底理解できない話を時々され、よくよく考えてみると、自分で考える力を養う指導講話でした。また、「俺は日本一不器用な男だ。だから人一倍努力した」「継続は力だ」と力説されました。

高齢になってからは、「呼吸剣道」を説かれ、「長息呼吸鍛錬法」を実践されました。それは「吐く息長く・吸う息短く」と言われ、三歩一吸を唱えられ、「歩きながら呼吸をハァー・ハァー・ハァーと三回吐き1回吸って歩く呼吸だ。これはいつでもどこでも毎日できる呼吸法だから研究せよ。静座しての呼吸法は、ハァーと長く呼吸を吐き、苦しくなったら吐ききれ。そして肛門を閉めよ、生命力が高まる」と言われた。このお話を聞いて私が剣道の原理・原則を図式化したとき、道の文化の下に（人間性）（生命力）と書いた図と一致したことが間違っていなかったことに気付きました。

先生は、京都大会を楽しみに稽古をされ94歳の頃、演武の最後（トリ）を努められとき、「俺は日本一になった。皆死んで俺の相手がいなくなった。だから日本一だ」と言われ、96歳で人生を全うされました。剣道は生命力を高める要素を持っていると肌で感じました。

## 榊原先生と鈴木先生

時々、稽古に来て頂いた榊原正・鈴木守治先生は、近藤先生の愛弟子で全日本選手権者でした。選手権者の稽古は、どのような稽古をされるのか興味深いものがありました。榊原先生は、どっしりと構え小手を攻め、小手から面に乗っていく技と相手の起こりを捉えて小手を打つのが特徴でした。

一方、鈴木先生は構えが柔らかく前後の足捌きから小手から面に渡っていく技と面から小手に変化する技が特徴でした。稽古をお願いして感じた事は、とにもかくにもお二人とも「速い」、「間合いの取り方・タイミングを取るのが上手い」の二つです。しかし、「剣先の強さ」は感じませんでした。試合で勝つ人は、剣先で攻め崩して打突するものだと思っていましたが、違っていました。

両先生は、構えの中で剣遣いと足捌きが軽快で小手を打って面に跳び込む共通点がありました。小手から面に渡るような打ち方で面はとくに「速い」の一言でした。また、出頭の小手も素晴しいものがありました。

さらに剣道部の先輩達との稽古は、巧みな動き・足捌きの中で相手を徹底的に攻め、打突の機会を素早く捉えて打突する剣道でした。つまり、フットワーク・足を使った戦法で「勝つ」ことに徹していたのです。私は、高校時代に基本に忠実な剣道を目指していた事から、打たれてばかりでした。しかし、この動きに対して動じない・崩れない剣道をすれば全国で勝てると思いました。

私が４年生の時、同級生が私以外全員リタイアして１人になりました。後輩達が100人以上になり大所帯を引っ張っていかなければならない立場に立ち、我武者らで無我夢中の主将でした。私が主将になってから、恵土先生に「基本稽古を取入れましょう」と申し出たところ、「良い考えだ・お前がやれ」の一言で基本稽古を行うようになりました。基本稽古がなかったのは、個性がなくなるためであり、型にはめない事をめざしていたことが後からわかりました。

学生時代は、インカレの個人戦と団体戦の全国制覇を目指し部員とともに日夜稽古に精進し、3年生のとき個人戦に出場しベスト8で敗退しました。このときの対戦相手は優勝した中央大学の下池選手で身体が大きく地力があり上手いと思いました。もっと強くならなければ勝てないと肌で感じました。4年生のときは、インカレ個人戦の予選で負けて全国大会に出場できませんでした。このときは悔しくて眠る事ができませんでした。その悔しさから稽古をしなければ勝つことはできないと思い1人で素振りを黙々と行いました。その年、学生の身分で全日本選手権大会の県予選会に出場させて頂き、運良く出場権を得て、全日本選手権大会でベスト8になりました。このように学生のころは「負ける」ことにより、精神面や技術面を工夫する事を知らず知らずのうちに自得していました。つまり、負ける事により考え・工夫する事を学んだのです。

## 新任教員時代

教員になってからは、学生と共に稽古する中で全日本選手権や全国教職員大会の優勝を目指し、39歳の頃まで勝つための攻撃剣道が修行の中心でした。そのために「攻めて先を取る」という攻防一致の剣道を心掛けました。「攻撃は最大の防禦である」という教えを遵守して精進していました。

学生と共に稽古する中で図2―2のように、構えから相手を攻めて打突し残心を取る「攻防一致」の剣道を心掛けていました。そのために「先」を取り、先に打つ事が攻撃になり防禦にもなると考えていました。

また、戦術は、間合いとタイミングそして精神面は気力と集中力、体力はスピードと筋力、そしてスタミナでした。

この頃はトレーニングに関して現在のように研究されていなかったため、試行錯誤しながらスピードは、軽い竹刀を速く振る素振りを繰り返しました。筋力は、フリーウエイトで下肢筋力と上肢筋力、そして腹筋・背筋の体幹トレーニングを行っていました。次に持久力・スタミナを付けるためにランニングを行いました。また、懸かり稽古を多くする事や元立ち稽古で長く立ち切る事を心掛けていました。

このように、学生時代や教員になった頃は、身体を鍛えながら「先を取り」、「先に攻めて打突する」ことが攻撃剣道でした。

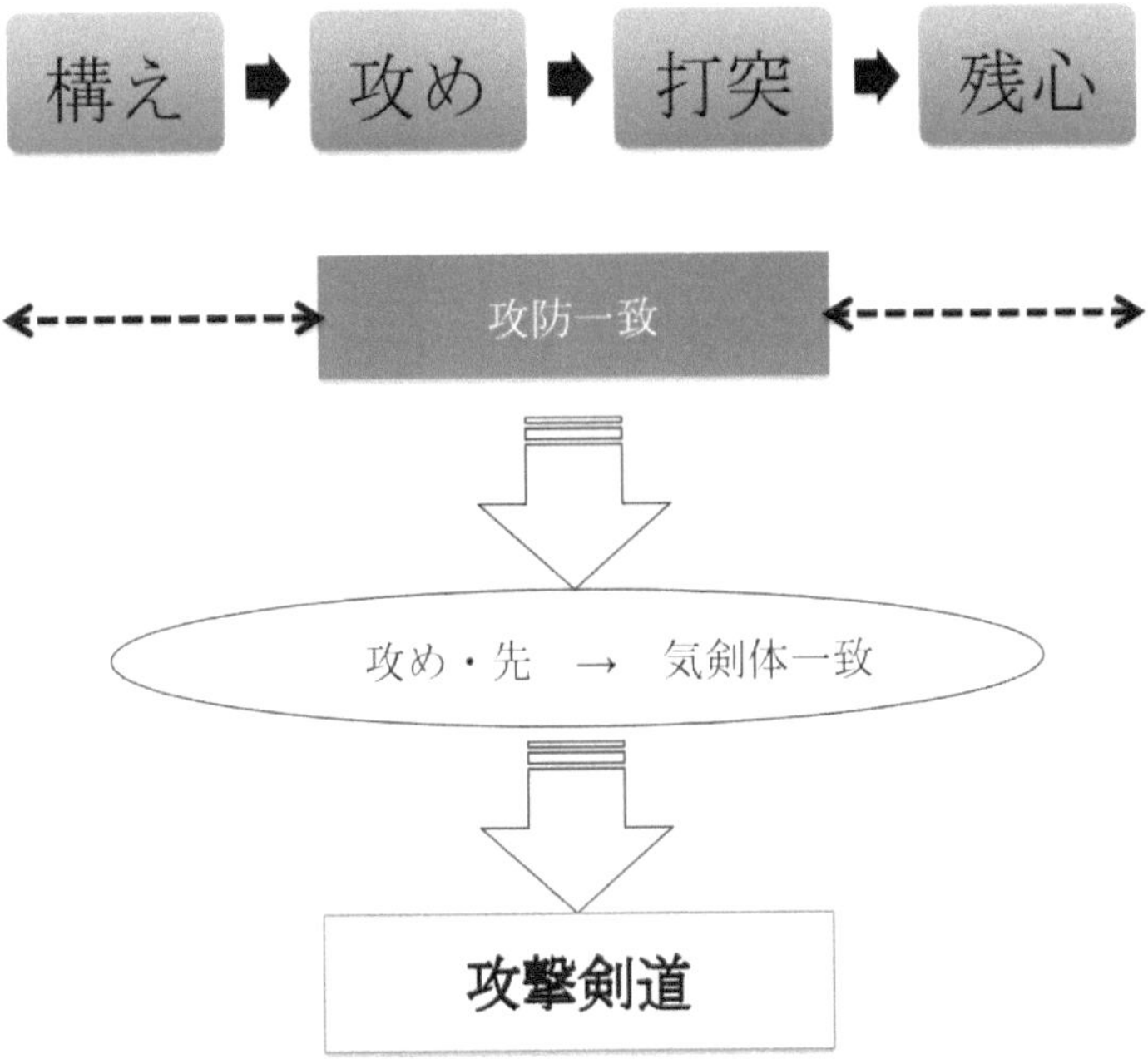


図２－２　攻撃剣道

## 三橋秀三先生の指導と稽古

三橋先生は、武道論の講義の中で「優秀な民族には、優れた精神がある。イギリスは騎士道精神、アメリカは開拓精神、中国は儒教精神、日本は武士道精神だ。これを四代精神と言うのだ」（図２―３）とおっしゃっていました。

そして、「おおよそ国の文化は他の民族の優れた文化を取入れるとともに、その民族特有の文化を学ぶ事が大切である」と問われ、「体育を通じて、その民族を育成するためには世界の優れたスポーツを行うとともに、その民族がつくり永年育ててきたスポーツも同様に行うことが極めて重要である。スポーツを通じて立派な日本人を育成するには欧米の優れたスポーツを行うとともに、日本の永い伝統と実積を持っている剣道を行うことが日本人にとって極めて大切なのである」と強調されました。

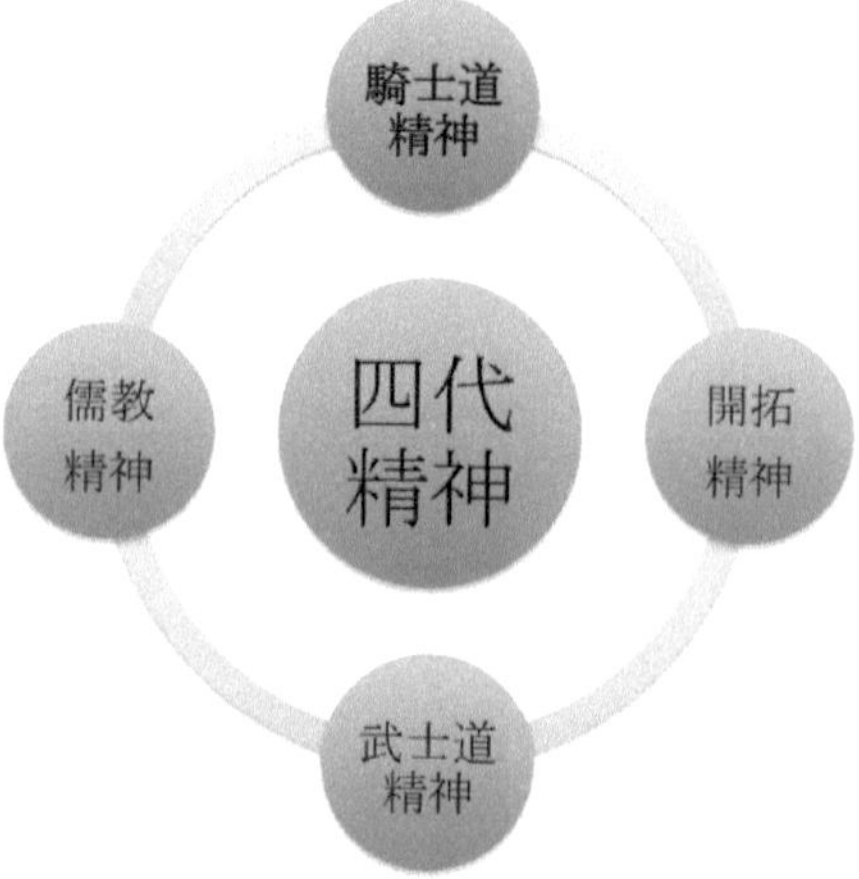

図２―３　四代精神

そして最後に「君たちは、将来日本の指導者に成るのだ。よくよく研究したまえ」と熱弁を振るわれました。このような講義から話の仕方や講義の方法を教えていただいたのに、いまだに上手にはできません。

三橋先生は稽古のあと、必ず講話をされました。特に試合で勝つためには、「先」をとる事が大切だ。「先」は三ツあり「先で勝つ（懸かりの先）」、「後の先で勝つ（待の先）」、「先々の先で勝つ（相打ちの先）」など主導権の取り方を説明されました。また、「難しい相手には、理合の理で打て」、また「リラックス・フォロースルー」などスポーツ用語でわかりやすく指導されました。さらに「君は、ここは上手いが、ここを直すともっと良くなる」と言う指導でした。つまり、否定的な面と肯定的な面を捉えた指導であり、なるほどと思ったものです。こうした講話を学生と共に拝聴した事が私の指導の指針になっています。

三橋先生は講義や会議のないとき、グランドを走りその後、鉄棒にぶら下がり筋力トレーニングを実践されていた。このとき感じたことは、我々に「若い者よ　トレーニングをせよ」という無言の教えだと思っていました。

## 伊保清次先生の指導と稽古

伊保清次先生は、身体が大きく、一見、怖い感じがしたが、実に心優しい先生でした。早朝から研究室で研究されていたことを今でも覚えています。先生の研究室に伺ったとき、武道論の講義をする内容を原稿用紙に書かれていました。実にきれいな字で素晴しい、剣道も強いが字もうまい、芸術的要素を兼ね備えた先生だとつくづく思いました。

稽古において先生は「一番先に林君が懸かりなさい。次に堀山君、そして主将から順番に上級生が懸かってきなさい」と稽古の順番を告げました。

先生の稽古は、身長が高く、適切な間合い（遠間）で攻め、面かと思ったならば胴に跳び込み（折式胴）、小手に隙ができたと思って小手に打って出ると小手すり上げ面や片手面を打ちました。攻めは構えから、小さな霞の構えになり小手と面を連打されました。おそくら長身のため小手を打たれないように攻め、そこから変化技を創出されたのだと思います。

先生との稽古で感じたことは、間合いに明るい（遠間）ということです。攻めは、剣先の変化と働きにセオリーがありました。技は一本打で終わることがなく次から次へと繋がります。そして大技と小技を使い分け、緩急強弱の冴えた技でした。しかし、剣先は強くありませんでした。

先生は、試合稽古を行っている場合、悪い点に気が付いたとき直ぐに立ち上がり「止め止め」と言われ、全員の見ているところで的確な指導をされるのが特徴でした。伊保先生との剣道談義の中で共通した点は、遠間で稽古、試合をしなければならないことでした。

以上のように、試合の名人・達人と言われる恩師は、それぞれに個性があり、体型に即した自分流を構築されている事でした。共通する点は、一つには間合いに明るいということです。つまり適切な間合いを取り無理なく無駄なく打間を創ること。二つには、「先」をとるのが速い。つまり自分に有利な状態を速く創造し、創出する事でした。三つ目は、ここだと思う打突の好機を捉え思い切った捨て身の打突をされていました。四つ目は、「技」が繋がっていたことです。一本で止める事なく次から次へと技が発現されていました。五つ目は、発声は大きくはないが、「気」が充実していました。つまり、構えの中でリラックスし、相手の状態を観察し「よむ」ことが速かったのです。そして六つ目に、剣先が強くなかったのが大きな特徴と言えます。一般的に強いといわれる先生方は剣先が強く剛剣のように思われますが、違っていました。

このように、試合の名人達人の恩師から、稽古や剣理を学ばせて頂き、私には真似ができないと思ったのが本音です。そこで試合で勝つための競技剣道が終わり、自分流を創る事の必要性を感じ稽古・修行方法を変えていきました。しかし、これらの経験が現在の私の剣道の基盤となっているのです。良師について本当に良かった感謝しています。

# 修行過程の模式図

## 剣道は自他共創

これまで修行してきた過程は、「何なのか?」、「何であったか?」、また、「今後の修行をどうすべきか?」など、私自身が分かり易くするために大まかな模式図（図2—4）を創ってみました。

若い頃は、「攻防一致の剣道」つまり攻撃と防禦が一致する剣道を目指しました。競技剣道として試合に勝つ事、強くなる事を目指し独創性が必要条件でした。つまり個性を研き最高パフォーマンスを発揮する事でした。60歳代では、スピード・パワーの体力の低下に伴い「攻応（こうおう）一致の剣道」を構築しました。それは間合いにおける対立の関係において相手と和し、共に創る共創性が十分条件でした。つまり、自然に技が発現する心境の創出であった。70歳代の剣道は「相応（そうおう）一致の剣道」を目指しているが今まだ分かりません。現時点で言える事は、ますます体力の低下に伴い、若い人たちと稽古を行う中で「如何に絶対条件の創出をすべきか」と考えています。剣道で絶対はあり得ません。しかし、できるように努力する事が修行だと考えています。

この様に、これまでの修行過程を自分自身に分かり易くするために図を紐解いていく中で嘉納治五郎の「精力善用」「自他共栄」の理念から、剣道は「自他共創」ではないかと思うようになりました。つまり、対敵関係の2人が「戦いの場」の中で技を創るには、2人とも心身融合していないと創る事ができません。剣

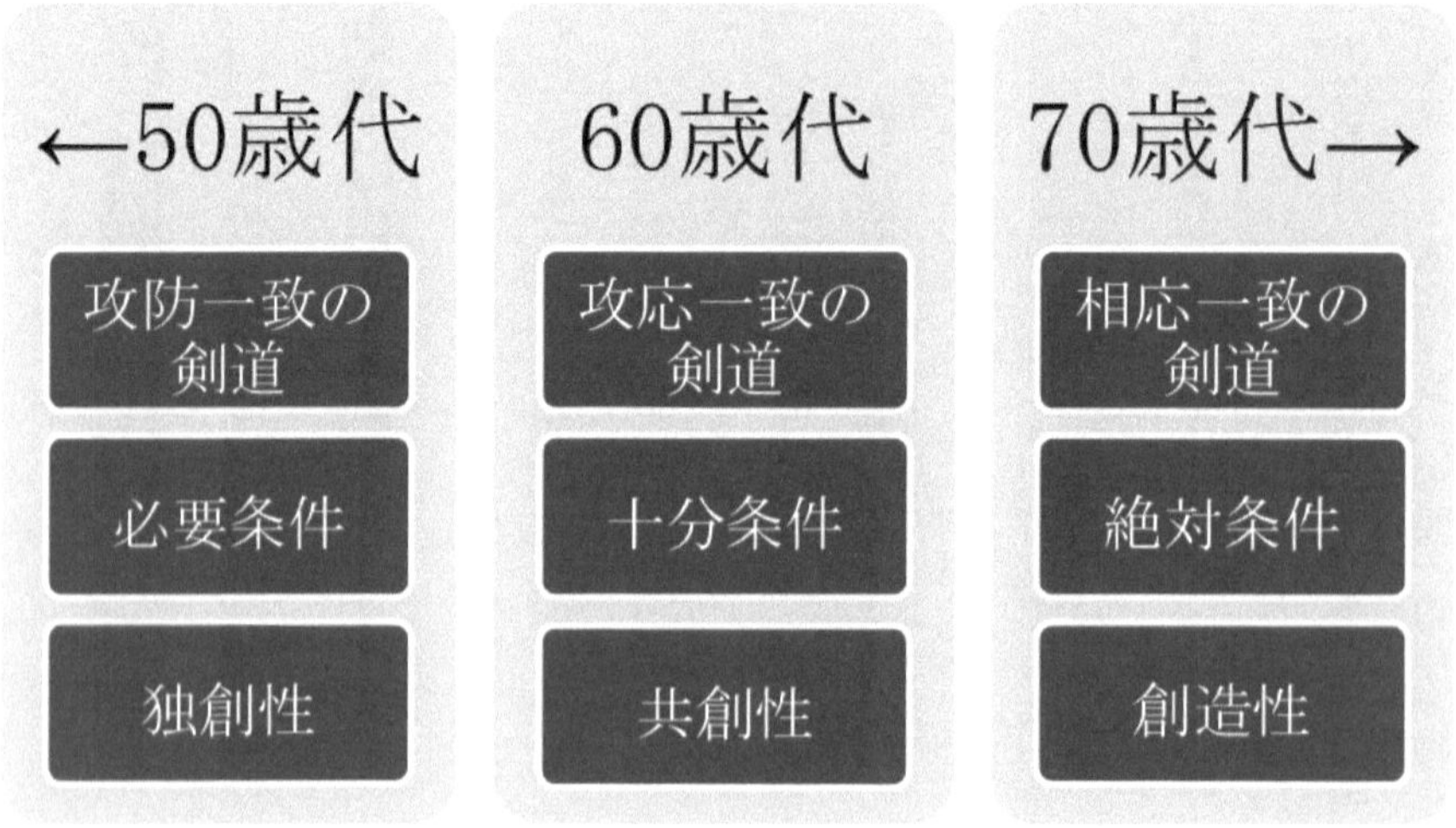


図２－４　修行過程の模式図

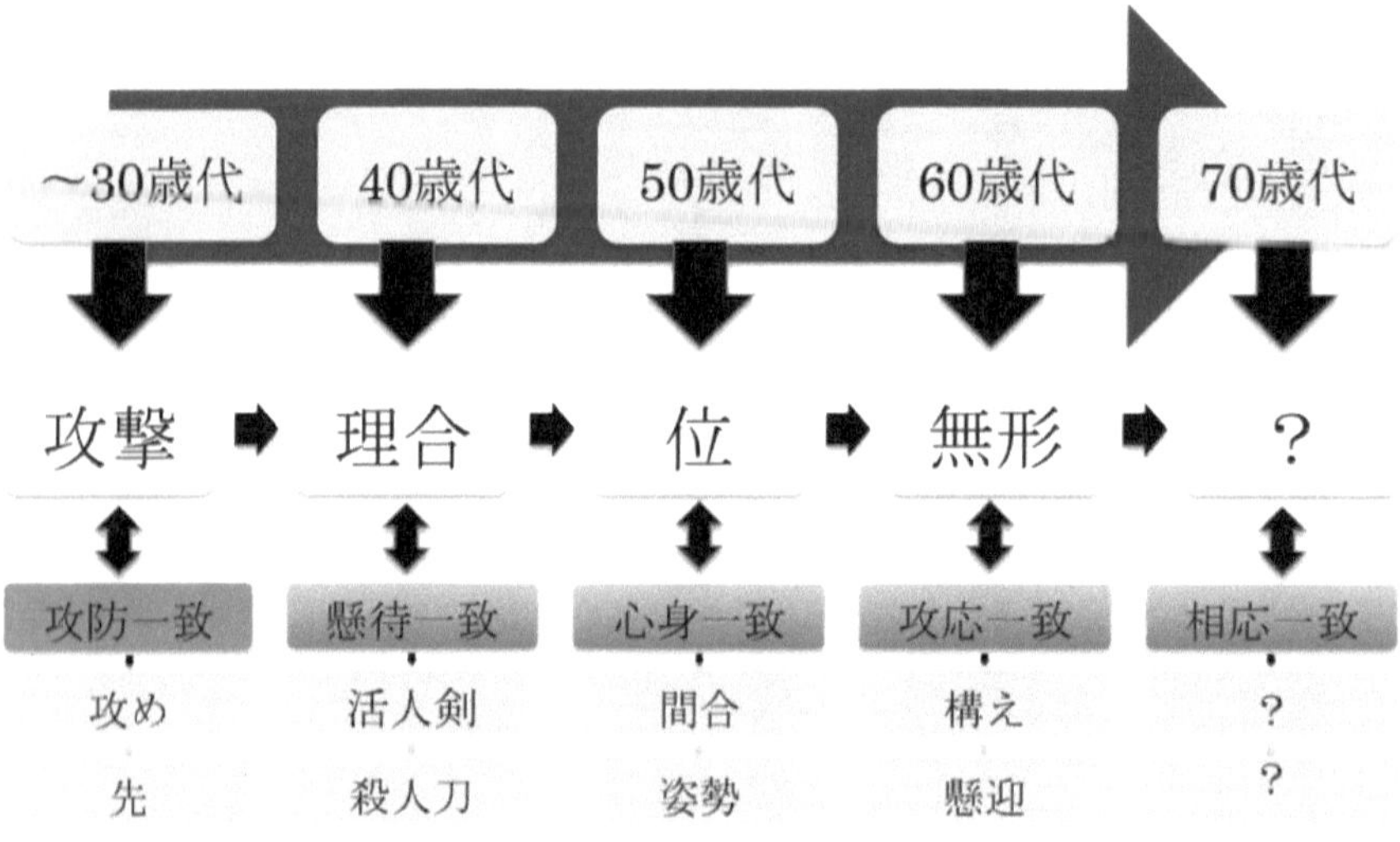


図２－５　年代別剣の術

道は相手に強くさせて頂いている事を発見したのです。

## 修行過程の年代別指標

その後、上述の図２―４が私自身の中で剣の術が納得できない事から、さらに細分化できないものかと考えたのが図２―５であります。

図２―５は一番上が各年代、二番目は修行の目標、三番目は修行の要素、次はその目標を達成するための主な実践的方法論です。

剣道の修行を本格的に始めた16歳から30歳代まで「攻撃剣道」で強くなること、試合で勝つことが稽古の中心でした。そのために「攻防一致の剣道」を心掛けました。高校時代は、基本に忠実に真っ直ぐに打ち込む剣道。大学時代は、強くなる事を前提に試合で勝つ剣道でした。教員になってからも学生時代と同様に勝つ事が前提条件で理論的に納得できる剣道を心掛け、「攻め」と「先」を取る技法を考え、自分に有利な状態を創出する「攻防一致の剣道」でした。

一方、40歳代は、48歳で八段審査が受審できることから、「理合剣道」を目指しました。そのために真剣勝負の世界で構築された柳生新陰流の「活人剣」と「殺人刀」の技法と心法を学び「懸待一致の剣道」を心掛け、現代剣道に活かす事でした。また、八段を取得してからの50歳代は、「位剣道」を心掛けました。それは、八段として「位負け」をしないように「心身一致」「心気力一致」を心掛け、間合いと姿勢を意識した。つまり、正しい姿勢・正しい呼吸・正しい間合いそして正しい意識をもって稽古に取組んだのです。

60歳代になり、体力の低下が著しくなりスピード・筋力・パワーが落ちた事から、「攻応（こうおう）一致の剣道」を構築しました。それは柳生新陰流の「懸待」の技法から、自ら工夫した懸かり迎（むかえ）る

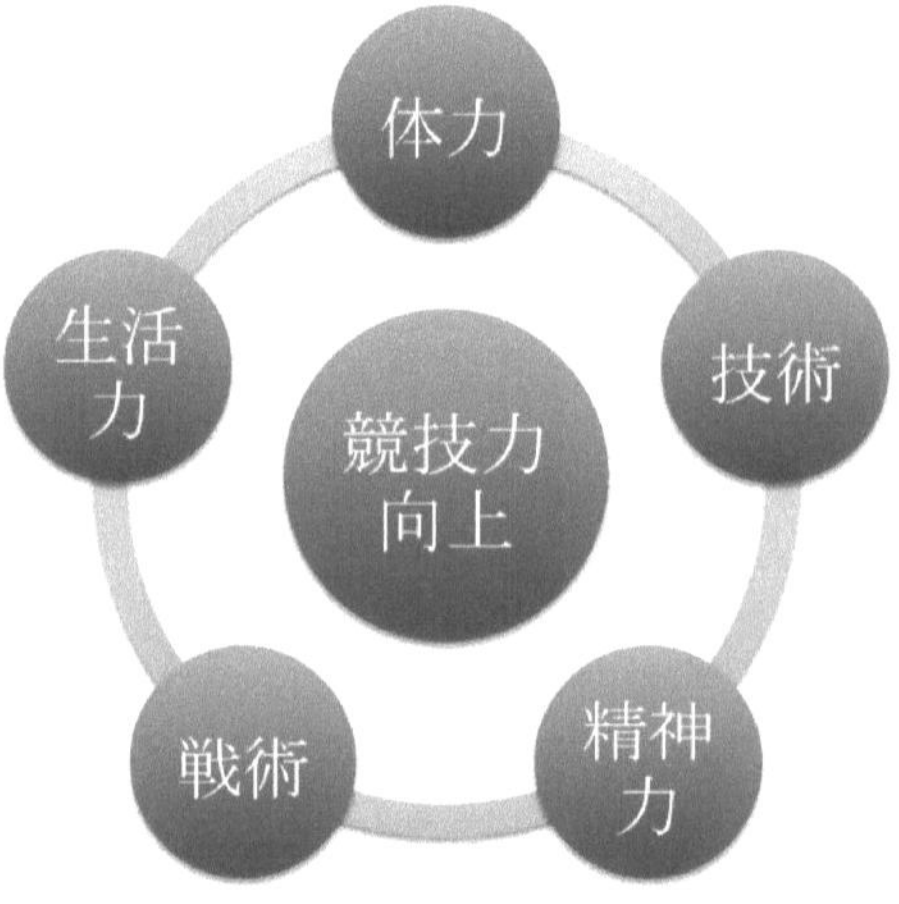

図2—6　競技力向上の要素

「懸迎（けんげい）一致」の技法を構築した「無形（むけい）の位」でした。70歳代は、「相応（そうおう）一致」の剣道を目指していますが、前述したように今はまだわかりません。

　これらは、年代別に切り離す事はできません。何故ならば、それぞれの年代においての修行が基盤となり、身体に心法や技法が蓄積され、各々の段階を得ながら次へのステップとなるからです。これらの事は、後に述べます。

## 若い頃の成すべき剣の術

　若年のころは、剣道が強くなり試合で勝ちたいのが一般的でしょう。このころは、何をすべきかを考えてみたい。

　剣道の競技力向上は、図2—6のように体力×技術×精神力×戦術×生活力と考えています。一般的には、体力×技術×精神力と定義され、戦術は技術の中に含まれています。また、生活力は含まれていませんが、私は、これまでの体験や指導から生活力が極めて大切であると考え、生活力を入れることにしています。

　剣道のパフォーマンスを発揮するためには、これらの要素がバランス良く調和されなければ競技力の向上はあり得ないし、発揮することもできません。つまり、これらの要素が一つでも向上しなとバランスが崩れ、強くなれないし勝つ事もできません。

　例えば、体力がある・技術も優れている・精神力もある・生活もしっかりしている。しかし、試合で勝てない。それは戦術力、つまり勝つコツを知らないのであり、戦い方が悪いのです。また、技術において勝つためのテクニックばかりの稽古をしているとその時は良いとしても途中で挫折します。剣道はテクニックばかりでは勝負できません。基本稽古が必要なのです。基本稽古は、遠間から大きく振りかぶって全身で打突する事が肝要です。つまり、打ち切った・捨て身の打突が冴えとなるのです。


さらに競技力が抜群に優れているが試合で勝てない。伸び悩んでいる。こうしたときは、生活が乱れて心身のバランスが崩れていることがよくあります。

このように競技力向上は、バランスの取れた稽古・トレーニングが必要不可欠なのです。

若い頃の剣道は、試合で勝つことが目標であることから、「打たれないで打つ」という防禦剣道から攻撃剣道になる傾向が見られます。したがって勝敗が決しないで引き分けや延長戦が続く傾向が見られます。例えば、審判講習会で「勝負しなさい」と言いますと見事な技が出るのです。

そこで競技としての試合剣道は昔の先生方のご指摘のように「基本に忠実」で「正々堂々」「真っ向勝負」「相打ちの剣」、そして「捨て身」の攻撃剣道が必要と思われます。それが、将来につながり伸びていく剣道になるからです。このような剣道は観戦している人に感動・感激を与え、心を打つことになります。

## 運動神経の善し悪し

剣道は、各々の修行段階を経ながら様々な体験を積み重ね年齢と共に強くなり、上手くなって上達していくものです。上達の度合いは、スポーツ科学の研究によると遺伝子によって異なるといわれています。例えば、走運動において短距離の速いヒトは速筋線維（そっきんせんい）、長距離の得意なヒトは遅筋線維（ちきんせんい）の筋肉をより多く有しているとされています。

子どもの頃から巧みな動きができ試合がうまいヒトは速筋線維型で、「技」を早く習得すると同時に反応も速い。つまり運動神経が発達している人です。遅筋線維型の人は、反応時間が遅く「技」を覚えるのに時間がかかり何回も繰り返して自得しなければなりません。

そこでこれまでの指導体験から紐解いてみると、確かに学生のころ運動神経が発達している剣士は「技」を習得するのも速くすぐに覚えることができ、試合にも勝つことが多くあります。しかし、年齢を重ねる中で若い頃の面影がなくなっている事に驚かされます。

一方、学生時代は、あまり目立つ剣士でなかったがコツコツと努力していた人が卒業後見違えるほど、立派な剣士になっている事にこれまた驚かされます。こうした事は、試合や昇段審査でわかるのです。学生時代の剣道と現在の剣風とはまったく違い、わからないのです。実際、審査や試合の後、本人が「どうでしたか?」と聞かれても「君だったのか」と驚かされることがよくあります。まさに剣道は加齢と共に良くなる。剣道は素晴しいと同時に本人の努力が素晴しいとつくづく思うのです。

運動神経の発達している人は、巧みな動作ができ、技をすぐに覚えるが忘れる事も速いのかもしれません。若い頃に習得した技は、年齢を重ねる中で体力が低下する事から、若い頃の感覚で行ってもできなくなるのです。

一方、あまり運動神経の発達していない人は、動作が遅く一つの技を覚えるのに何回も繰り返して習得します。何回も繰り返して覚えた人は、身体の中にその技が身につき忘れないのです。年齢を重ねてもその技が活かされ崩れも少ないと感じています。従って、運動神経の発達していない人は、コツコツと努力し続ける事が必要条件でしょう。一方、比較的運動神経の発達している人は、年齢とともに剣道を変える事と年齢に応じた基本的な事の修行が必要かと思われます。

# 第3章

# 八段審査の分析と挑戦

梅雨の季節になり気分の優れない日が続きます。大学においては、教育実習期間に入り教員を志望する本学の学生たちは母校で教育実習を行っている事から、実習状況を把握するために視察に行ってきました。今回は、新潟県立長岡大手高等学校を訪問し、授業視察をおこないました。開口一番に私のこれまでの経験からは想像もつかない光景が展開されることになったのです。びっくりと言うか驚愕してしまいました。それは、体育の授業における準備運動は、徒手体操と補強運動を全員が号令をかけ、整列から補強運動まで実に整然と行われた後、単元である陸上競技の円盤投げの主運動が展開されました。最後の締めくくりとして整理運動を行なうわけですが、これも準備運動と同様に整列をして全員で号令をかけ授業が終わったのです。

授業終了後、生徒たちの満足そうな行動は、何と良い授業なのかと感動いたしました。この準備運動と整理運動は本校の伝統的な指導法であることを体育教員からお聞きました。

まさに「不易流行」が甦り、このような学校があれば日本は大丈夫だと密かに思ったのです。梅雨期でありますが気分は日本晴れのごとく爽快の内に視察を終えることができたのです。

前章は、剣道を始めてから30歳代まで恩師から学んだ事を基盤に強くなり試合で勝つことを心掛けた「攻防一致」の攻撃剣道を述べさせて頂きました。また、これまでの修行過程の模式図を創り修行の方向性について概観させて頂きました。

今章は、48歳で八段審査に挑戦する資格が得られる事から、「八段審査の分析」と「柳生新陰流の応用」そして「身体づくり」について私が研究実践してきた中の「八段審査の分析と挑戦」についてご紹介します。

## 剣道における審査とは

試合は、剣道の普及発展に寄与し審査は、剣道の質を高めると一般的に言われています。確かに試合は、勝つことが前提条件で心身を鍛え、技を磨き、しかも人間性を高めることも含め勝敗を決するわけです。一方、審査は、良い剣道、質の高い剣道が求められます。従って、無理無駄のない品位風格と言った奥の深い洗練された技法剣道が理想とされます。さらに称号審査があり人間性を含めた心法剣道があるのです。このように様々な条理を考慮し剣道を創り上げてきた先人の業績は、本当に素晴らしいと思うと同時に剣道家の英知の結晶であり、他のスポーツには見られない特性があります。

この様な特性から、剣道修行者・愛好者の皆さんが審査を受け自己の剣道向上に従事されている姿は素晴らしいです。しかし、八段審査は難しく合格率も１％に満たないほど極めて難関となっています。これまで審査を受けてこられた方やこれから目指そうとされる方に参考となればと思い私の研究と修行そして考え方を紹介したいと思います。

## 八段審査の準備

剣道を始めてから、強くなり試合に勝つことを目標として「攻防一致の攻撃剣道」を39歳まで修行してきました。40歳代は、競技に勝つ剣道に区切りをつけ「良い稽古」・「良い剣道」を目指したのです。何故ならば、学生指導の中で指導者は良い剣道をしなければ模範にならないと思ったからです。その動機は、昭和60

年、第31回全日本東西対抗剣道大会です。埼玉県で開催されました。私が40歳のとき31将戦で出場させて頂き、対戦相手は大阪体育大学の作道正夫先生で38歳でした。

試合は延長戦で勝たせて頂いたものの、VTRを連盟の方から送って頂き映像を再生したところ愕然としました。何故ならば、作道先生の剣道は立派で、どちらが先輩なのかと思われるような試合内容でした。これでは指導者として失格である。学生の模範になるような良い剣道を修行しなければならないとつくづく思ったのです。

幸い40歳代は、48歳で八段審査が受審できる事から、「八段審査とは何か?」「何をどのようにすべきか?」「合格者はどのような立会をされるのか?」などを考えた末、次のことを試みたのです。

一つ目は、京都大会で範士八段・範士九段の先生方の立会を拝見すること。二つ目は、八段審査を観察し合格者と不合格者を比較検討すること。三つ目は、真剣勝負の戦いの場で生まれた柳生新陰流から剣の理を学ぶこと。四つ目には、体力の低下から身体づくりを行うことでありました。これらについてその概要を述べさせて頂きます。

## 八段・九段の先生方の演武

今年で110回の歴史と伝統を有する全日本剣道演武大会（旧京都大会）が京都武徳殿で盛大に行われました。この大会は読者の皆さんもご存知の通り全国の剣道家や剣道愛好者が集い、これまで修練してきた最高パフォーマンスを発揮する「場」として楽しみにしている大会であり、今では海外から観戦するようになった伝統ある素晴しい演武大会です。このように若者から高齢者の高段者が一斉に集い同等のレベルで真剣に戦うスポーツは他では見られません。

筆者は、40歳から八段審査に挑戦するため毎年八段・九段範士の先生方が、どのような立会をされるのか拝見させて頂きました。これまで演武大会に出場させて頂いていたものの八段に挑戦と言う意識はなく、ただ自身の立会と剣友との剣道談義に過ぎなかったのです。

改めて、当時の八段・九段範士の先生方の立会をメモ帳から紐解きますと、第一に「美しい芸術的だ・洗練されている」、第二は「風格がある」、「姿勢が良い」、「姿勢が崩れない」。第三は「個性がある」、「剛剣のヒトも入れば難剣のヒトもいる」。第四に「剣先の強いヒトも入れば、弱いヒトもいる」。第五は「打突が強い・打ちがしっかりしている」。第六は「残心がある。打切れば自然と残心が備わり、技が繋がっている」。第七は「技は大技と小技を使い分けている」「小さいヒトは大技と玄妙な技、大きいヒトは小技と出頭技」。

転機となった第31回全日本東西対抗剣道大会の試合

第八に「攻め合いが強く気合いが入っている」。これらはわたしが7年間に亘ってメモとしてまとめたものです。

今、思うに昔の剣道家は戦前、心身ともに鍛えに鍛え抜き、血の滲み出るような稽古をされたのでしょう。特に著名な先生は、対峙したとき「突くぞ」「切るぞ」と言う気構で身体から滲み出るような気迫で圧し、「技」は無理なく無駄なく「理」に適った冴えた技であり洗練された人間性も感じられるものでした。

私たちが審査を受ける時は、戦前に鍛錬・修練された先生方が審査員であることから、①個性がなければならない。②気力・気迫があり、強い攻めから打突の好機を捉え、思い切った捨て身の打突で、③次から次へと技が繋がり、④「気」が持続しなければ合格はおぼつかない、と思ったのです。さらに⑤駄打が少なく「理」に適った技でなければならない。つまり、「理合剣道」の修練が必要だと考えたのです。

一方、我々が修練してきた現代剣道は、ルールに基づいた競技としての剣道を学び、上手さや巧みさのスキルを中核とした有効打突を得る競技剣道でスマートな剣道に変ったのでなかろうか。つまり、それは試合を中心とした競技化された剣道であろうと考えるわけです。従って、現在の審査員は、戦後の剣道を修練された先生達であることから、価値ある有効打突を得ることが絶対条件となるのです。

## 八段審査を分析する

筆者が八段審査を受審した当時は満48歳で年1回でした。審査は、京都大会終了後行われていました。京都大会終了後、八段審査を拝見し、合格者と不合格者を比較検討しました。特に48歳から50歳までの審査会場を７年間観戦した結果をまとめてみますと、次のようなことをメモ帳（楽苦我記帳）に記述していました。

《立会の心得》

立会の心得は次のようなものでした。

①受審者が多いから、早めに受付し余裕を持つこと。
②観覧席は満席であるから、心を落ち着け上がらないこと。
③審査委員は、一次が９人、二次が14人で多いことから、よく見える位置で立会、会場の真ん中で演武すること。
④稽古着・袴は新しいものが見栄えする。古い防具は見劣りする。
⑤受審者は全員緊張していることからリラックスが必要だ。
⑥礼法を正しく行い「気」を集中すること。
⑦１人目が終わり２人目のとき呼吸調整をすること。
⑧審査員に背中・お尻を向けて立会わないこと。
⑨一人一人剣風が違うことから、様々な相手に対応できる技術が必要不可欠だ。
⑩立会の直前は、人の立会を見ないで自分の剣道をすること。

《合格者の分析》

次に、７年間の八段審査立会を見た観察眼とＶＴＲ分析による合格者と不合格者は、次のようでした。

【合格者】

①姿勢・構えが良い。構えに厚みがある。
②気迫があり勢がある。発声が大きい。

③間合いは、一足一刀の間と遠間で打突している。
④攻め合で「先」を掛け主導権を取り、打突の好機を捉えている。
⑤中心を攻めている。
⑥一本打の技が多い。
⑦「先の技」が多い。「後の技」が少ない
⑧一本一本、打切っている。また、捨て身の打突が多い。
⑨残心があり技が繋がっている
⑩相手の攻めに対して崩れが少ない。
⑪相手の打突に対して出頭技が多い。応じ技は少ない。
⑫相手の攻めに対して攻め返している。

　このように合格者は、「正しい姿勢・構えから、遠間あるいは一足一刀の間から、攻めて打突の好機を捉え、捨て身で打切って残心を示していました。また、先の技が多く、出頭技が有効だ」、さらに「有効打突が絶対条件だ」と記されていました。

【不合格者】
①構えが小さい。
②気迫がない。
③攻めがなくただ打ち込んでいる。
④間合いが近く打突できない。
⑤無駄打が多い。

⑥打突の好機に打てない。
⑦打突が弱い。
⑧打った後、残心がない。
⑨技が繋がらない。
⑩有効打突が見られない。
⑪形にこだわり堅くなって技が発現しない。

これらの分析は、年を重ねる中で私の観察眼、つまり「見る目」が変わっていく事に気がついたのです。

以上、京都大会における高段者の立会と八段審査の分析結果から、「理」に適った「理合剣道」の修行が必要条件であると考えられるのです。そこで次のようなことを意識し稽古に取り組んだ次第です。

## 八段挑戦の意識

①構えは大きく構え、相手の攻めに対して攻め返し崩れないこと。構えに厚みがあり、堂々と対峙し風格のある剣道を心掛ける。
②攻めは、「気・剣・体」で攻めること。気で攻める・竹刀で攻める・腰で攻め、攻めきれること。
③打突は、先を取り打たれても良い気持ちで、捨て身で打切ること。
④立会の「場」は、平常心でできない。命懸けで立会うこと。
⑤残心は、捨て身の打切った打突であれば、自ずと備わる。

⑥立会は、審査員のよく見える位置で攻め合い打突すること。
⑦「気」が途切れないように持続させること。
⑧「間」が抜けないため跳び込んで遠くまで移動しない。打った後、対敵動作に入ること。

この様なことを意識して稽古に取組んだわけですが、日頃の稽古では学生と稽古をすることが主となります。したがって、長年にわたり私の身に染みた競技剣道の癖が直らず修正に苦労を余儀なくさせられました。ある程度できるようになったのかと思い出稽古にでかけ、先生方や先輩に稽古をお願いしても理想とする稽古がなかなかできないことに苦慮したものです。この時期は学生との稽古と出稽古を繰り返しながら検証したのです。

## 構えた時の意識

図3―1は、基本稽古・地稽古をおこなったときの現象面を図式化したものです。図3―1をご覧下さい。右側は、自身の攻防一致の攻撃剣道を中心に試合を行っている時の構えで、足幅が広く重心が落ち姿勢・構えが小さくなっています。また、左足の踵が上がり何時でも前に出て打てる状態と防禦できるように構えているのです。この構えは、足幅が広いことから基底面が広く安定しているといえます。しかし、遠間から打つことは物理的に困難です。何故ならば、左足を軸に踏み込むことから、相手には近いが自身には遠い間合いになるからです。従って、その場から打つことができないことから、右足を前に出し左足を引きつけるか、その場で左足を継ぎ、打突しなければならないのです。

一方、左側は八段を受審するときに構えを変えたものです。背筋を伸ばし（軸にして）、足幅を狭くして不安定状態を創り、柳生新陰流で学んだ心眼・腹心・足心（左足）を意識し、遠山の目付で相手と対峙したのです。ところが、立派に見えるが、この構えにしてから、打つことができなくなったのです。そこで色々と工夫・研究している中で手の内の実験研究で学んだ「動的筋力」と「静的筋力」を応用したのです。構えの中で足を僅かに動かすことと、竹刀を小さく動かしていることにより初動がスムーズになり技が発現する様になったのです。つまり動きの中で打つことは動的筋力で、止まっているときに力を発揮するのが静的筋力なのです。従って、僅かな動きの中で打突の好機を捉えるようにした結果、技が自然に速く発現するようになったのです。

長年修行し身に付いた悪い癖はなかなか直らない。数年かけて直す事が肝要です。その場合、コーチ・師匠が必要なのです。例えばゴルフの場合、超一流の選手でも必ずコーチがつきます。自分では正しい動作を行っていると思ってもどこか崩れているとボールが一定に定まらないのです。従って、修正する為にコーチが必要なのです。剣道も同様に自分では良いと思っていても他人から見ると間違っていることが多いから師匠に見ていただきアドバイスを受けるのが良策でしょう。「自分の思い・考えだけでは何ともならないから」。

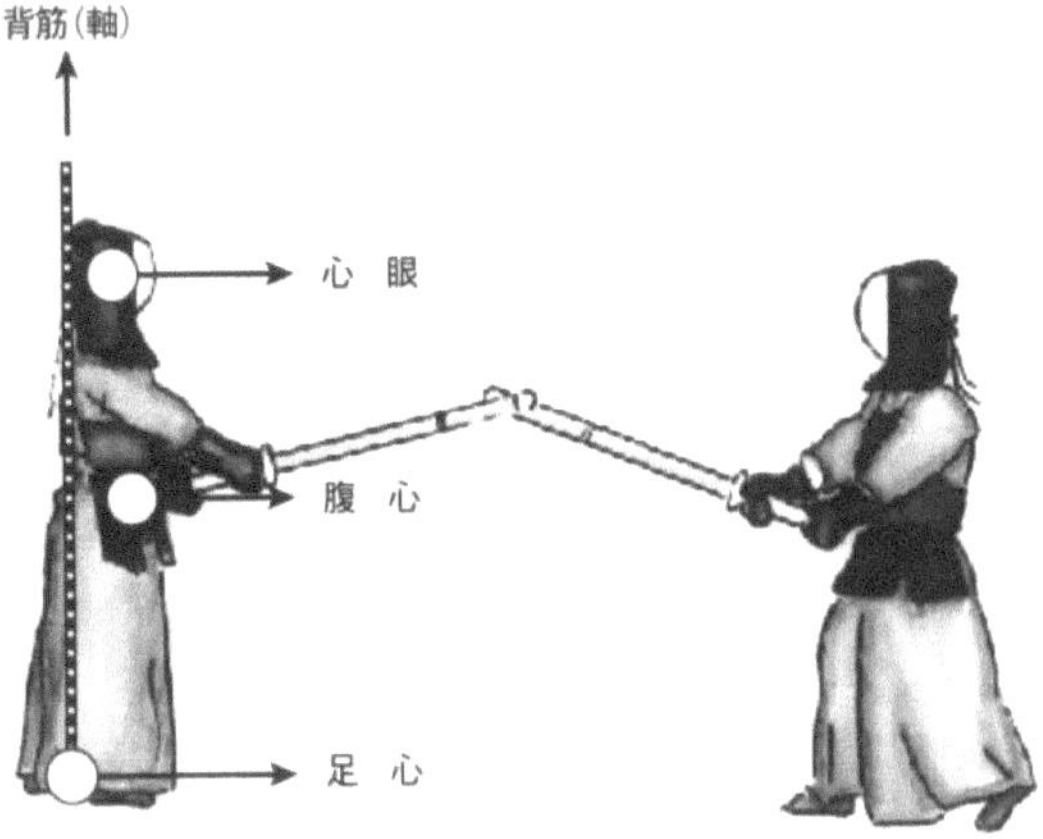


図３－１　左側は審査時の構え、右側は試合時の構え

## 審査時における「技」発現のイメージ

八段審査の分析から、「審査員の心を打つためのタイミングと流れがある」と考えました。それは、二分間の立会の中

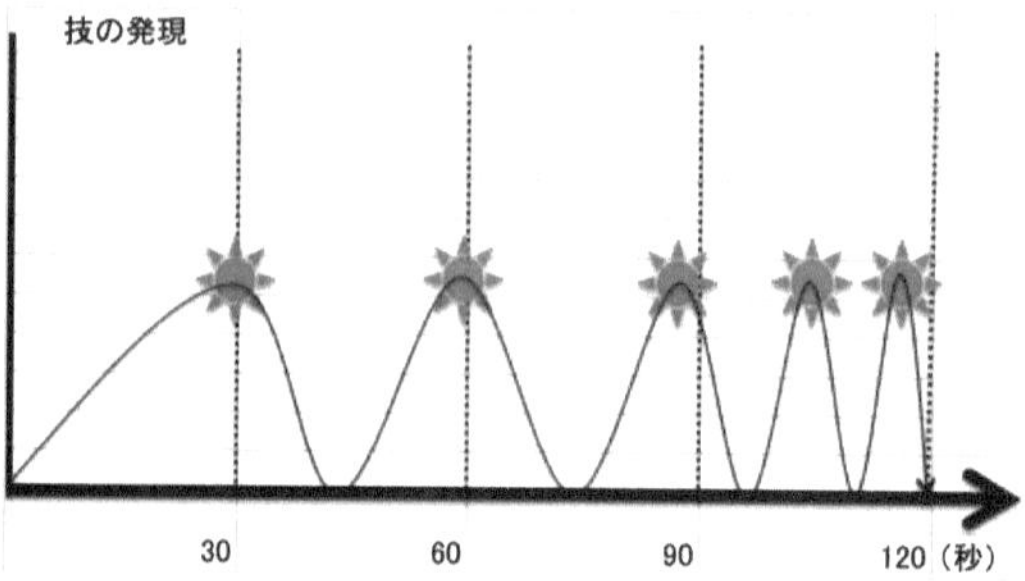

図３―２　技の発現と時間

で技の発現が多くても少なくても審査員の心を打たない。つまり、無駄打ちが多いことや打突の好機に技が発現できないと心を打たない。技の発現は、4本から多くても6本であろうと分析したのです。そこで次のような図3―2を考えたのです。

図3―2は、「技」の発現イメージを描いた模式図です。縦軸に技の発現、横軸に時間を示します。立会人の「はじめ」から、「30秒、60秒、90秒、110秒、120秒前に技を5本発現することが理想的な立会である」と考えたのです。つまり、前半の1分で2本の技、そして後半の1分で3本の技を発現すれば審査員の心を打つと分析したのです。つまり「技が多く無駄打ち」や「技が発現できない」と審査員の心を打たないと思ったのです。

そこで時間の経過を覚えるために具体的には、攻め合いの攻防を20秒から30秒で技を発現しその後、攻め合いを続け50～60秒と80～90秒で技を発現し、攻め合いの後100～120秒で2本の技を発現すれば良い立会になるだろうと考えました。技の発現が少なくても多くても審査員の心を打たない。こころを打つ為には演武が流れるように「ここだ」と言うタイミングで5本程度の技が発現され、トータル・バランスが審査員の心を打つと思ったのです。

そこで、先ずは、15秒、30秒、45秒、60秒の時間経過をチェックする為のイメージ・トレーニングを繰り返したのです。イメージ・トレーニングは、目を閉じて、心の中で101・102・103と110まで数え、その後11・12・13・14・15で15秒、30まで数えて30秒、60まで数え60秒としたのです。これをもう一度繰り返す事で120

秒になるのです。しかし数えていると時間が長く感じられるのです。このタイムラグを埋めるために、立会の２分間は落ち着いてどっしりと構え、余裕を持つことが大切だと考えたのです。ところが剣道具を付けて稽古をしますと２分の時間が短く感じるのです。それは、「気」が入り集中する事からくる現実との違いが意識として表出したものと思います。

このようにして時間経過の感覚を身体に覚えさせる様に稽古とイメージ・トレーニングを行ったのです。例えば、試合巧者は時間感覚を知っているのです。試合が終了する時間感覚がわかる事から、引き分けに持ち込むとか、終了直前に一本取り延長戦に持ち込む事などその感覚を身体が知っているのです。それは試合を行い４分、あるいは５分と言う時間感覚を体得・体現しているのです。

そこで立会稽古を行い30秒・60秒・１分30秒・２分と言う合図でチェックし時間感覚を体得する事も必要といえます。これらの事から、審査は２分間の短い時間の中でバランスよく技を発現する時間的なトータル・バランスが必要となるのです。

## 審査時の移動

八段審査における演武を観戦した結果、立会の位置取りが極めて大切である事を感じます。試合は、審判が試合者の動きに応じて見える位置に移動し判定を行います。ところが審査の場合、審査員は腰掛けに座り、合否の判定を行う事から、審査員のよく見える位置で演武しなければならないのです。前述の通り審査員は一次審査が９人、二次審査が14人と多い事から審査場の真ん中で立会う事がベストであると考えたのです（図３―３をご覧下さい）。その為には、跳び込んだあと余勢を少なくし対敵動作に入り常に真ん中で立会うこと。その場合、審査員に背中、つまり後ろ姿を見せないようにすること（図３―４）。また、構えたとき

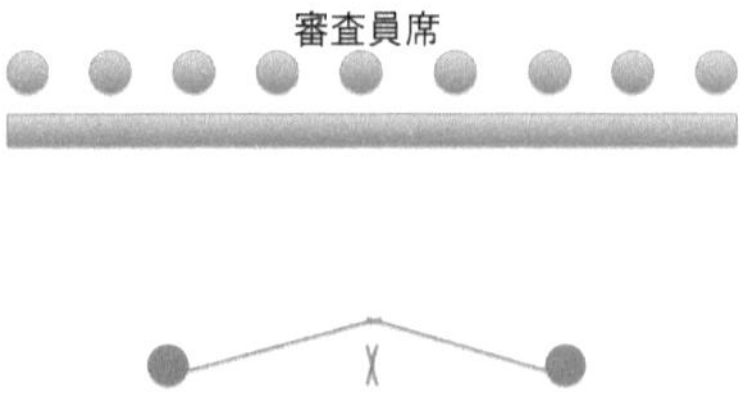


図３―３　正しい立会の位置

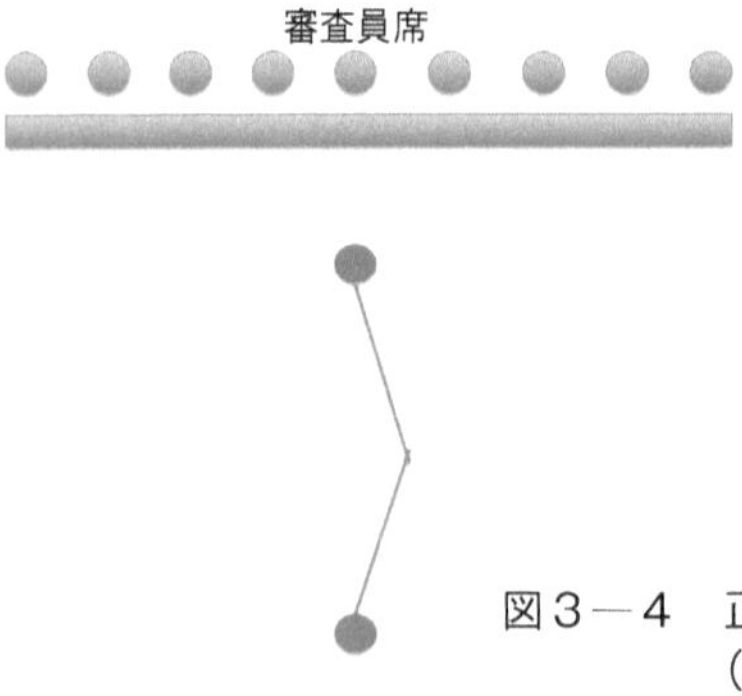


図３―４　正しくない立会の位置
（審査員にお尻を見せない）

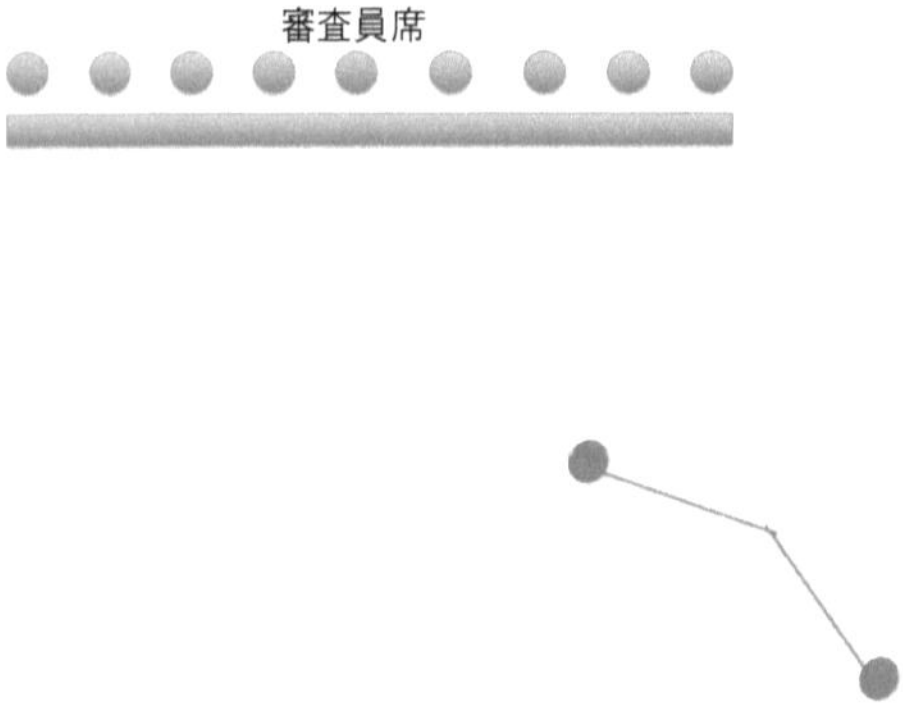


図３―５　審査員は角度的に
見にくい位置

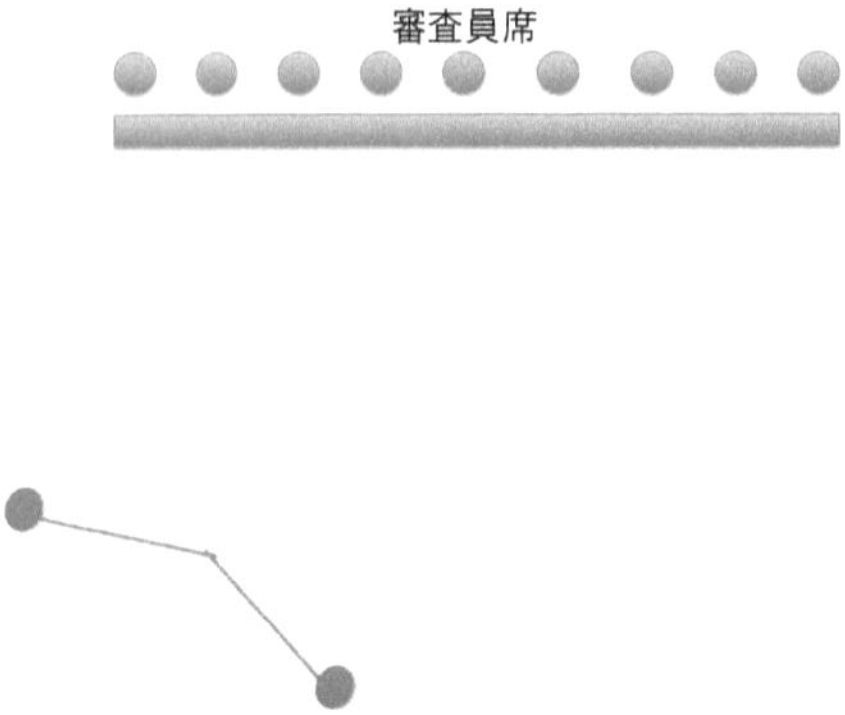


図３―６　審査員から遠くなり気迫・迫力を感じない

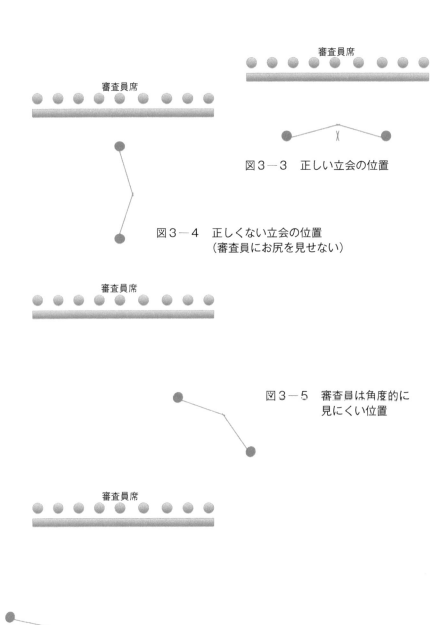

審査員の方から見た場合、構えに厚みを感じること。攻防の気力・息づかい、そして勢いを感じる中央の位置で立会う事がベストなのです。その為には、演武の中で主導権（先を取る）を取って真ん中で立会わなければならないのです。審査員から離れる事は、気迫や息づかい攻防の度合、打突の好機、冴えた技、玄妙な技、残心など合否判定に必要な要素が分かりづらくなるのです。このような事から、演武者は審査員に見て頂く事を忘れてはならないのです。

## 八段挑戦の技術的研究

これまでの試合剣道は、相手より速く打つこと。審判が旗を上げてくれれば良いと言う安易な攻撃剣道を考えていました。しかし、八段審査は審査員の心を打つ価値ある一本でなければ合格はおぼつかない。合格者は「理」に適ったヒトが合格している事から、「理合剣道」が必要条件であると考えたのです。

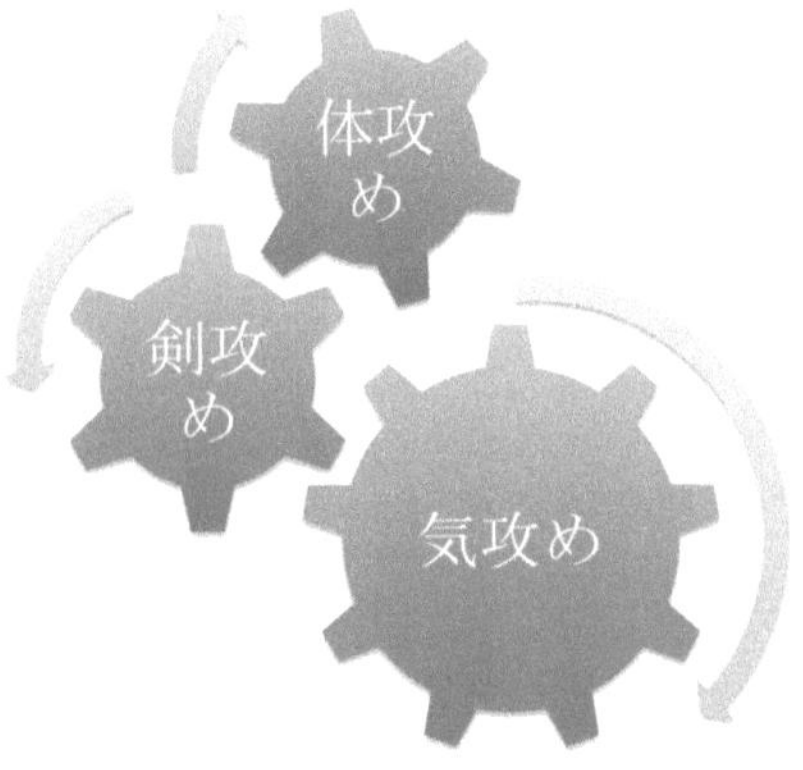

図３－７　気剣体の攻め

理合とは、一般的に「こうすれば、こうなる」と言う必然の条理とか道理を「理」といいます。「合う理」ともいう。現象面に表れる「理」と現象面に表れない「理」があります。そこで現象面に表れる「攻防の理」と「打突の理」を研究することが解決（合格）への道と考えたのです。攻防の理は、「攻めの理」と「防禦の理」であることから、攻めることにより相手はどのように変化し対応するかを研究することでした。

そこで攻めとは、有効打突に繋がる「気」「剣」「体」の働きであると考え、攻め方を工夫したのです。

（図3―5　気剣体の攻め）
①気攻めは、礼法に入る前に呼吸を「ハァー」と長く吐き下丹田に力を入れ、肩の力を抜き「気」を充実させ、自身に「気合い」を入れる。その「気」を持続し礼法で「気」を高め、立会人の「始め」とともに、相手にも「気」を入れるように剣攻めと体攻めで間合いを図る。
②攻めは、剣先で「突くぞ」と言う気構えで中心を攻めること。そして剣先で下を攻める。上を攻める。右を攻める。左を攻める。さらに竹刀で相手の竹刀を押さえ払いなどして攻める。
③体攻めは、「腰攻め」と「足攻め」で打突の機会を捉えること。腰攻めは、足を動かさないで重心（腹）を僅かに前に移動して攻める。足攻めは、右足を少し前に出して攻める。また、左足を右足に引きつけて攻める。さらに左足の踵を上げて攻める。これらの事は打突の機会を創ることでもあった。つまり、初動で打突の好機を捉える。
一方、相手に対する対応は、相手の攻めに対して前さばきを如何にするかを心掛けることです。前に攻めてくる場合は、左右に小さく体捌きをして、打てる状態を創ること。また、竹刀を押さえ、払いながら攻め返すことと打突できる状態を創出する。さらに諸手突きで前に攻められないように対応する。このように、京都大会で観戦した結果を試行錯誤しながら実際の審査を想定して結果に反映できることを意識して稽古に取組んだのです。

## 意識から無意識

私自身の稽古は、どのような稽古を行っているか分からない事から、立会稽古や地稽古をビデオ撮影して研究・工夫しました。これまで競技剣道として試合で勝つ為の剣道から、「理」に適った「理合剣道」を心掛け修練したのです。すると意識している時と無意識の時では稽古の内容が違う事に気づいたのです。やはり意識して稽古を行うと良い稽古ができるものです。

また、剣道部長の近藤利雄先生に後ろ姿を見て頂いた事により、「気」が充実し、「気」が入り、「気」が持続し良い稽古ができました。見て頂いている時の稽古では、内容が違うことを再確認したのです。

このようにビデオ撮影は、自己の剣道を直す技術的効果と「撮影されている・見られている」と言う意識は「気」を集中させるのです。「気」を集中させる事により、無意識の技が発現するのです。

# 現在の八段審査

## 価値ある一本とは

現在の八段審査を考察してみますと一つには、受審者が約１５００人で多くなったこと。二つ目には、二日間に渡って行われるようになったこと。三つ目は、１年に２回受審できること。四つ目には、46歳から受審できること。五つ目は、形審査で不合格になっても次回受審できること。六つ目は、審査員が戦後の剣道

現在の八段審査会

修行者である事などが、私たちが受審したときとの違いです。

そこで考えなければならない事は、1年に2回受審できる事から、半年の修行期間で、また受審できると言う安易な気持ちが命取りに成りうる可能性が考えられます。なすべき計画を立てその目標に向かって修練する事が必要不可欠かと思います。私たちの頃は、1年に1回しか挑戦できないことから充分に稽古を積み審査に臨んだものです。今一つは、競技剣道で育ってきた人たちが46歳という若い年齢で受審できることから、自己の剣道を直しきらないで受審するため46から47歳の合格者が少ないように感じられます。

つまり、これまでの剣道を見直し基本に忠実な剣道が必要かと思います。特に竹刀の振り上げが小さく打ちが弱いように感じられます。大きく振り上げ全身で打突する基本稽古と地稽古が肝要かと思われます。また、間合いが近いヒトが多く見られます。遠い間合いでの攻防が打突の好機を捉えるのです。

さらに現在の審査員は、戦後の剣道修行者です。つまり試合を中心として修行した剣道家である事から、有効打突が絶対条件と考えられます。しかし、試合のときの一本とは違い価値ある一本が求められると思われます。価値ある一本とは、若い人たちの場合は気力充実し適切な間合いから打突の好機を捉え全身全霊で命懸けの捨て身の打ち切った冴えのある技で誰が見ても素晴らしいと「心を打つ」一本でなければなりません。

また、年齢の増したヒトには、身体から滲み出るような気勢と玄妙な冴えた技、人間の限界を超えたアッと思うような神業のようなものが求められ、当てる技や相手の虚をつく技、つまりフェイントを掛けた技などは心を打たないのです。打ったとしても「うまく打ったな」と思う程度なのです。

このように価値ある一本が求められる事から、審査は難しいのです。

## 高齢者の八段挑戦

八段審査の結果をみますと60歳以上の合格率が低いことです。何故だろうかと考えてみますと一つには、年齢が増し体力が低下していること。二つには、技術的問題点を抱えていること。三つ目には、精神的な問題点などでしょう。そこで、これらの問題点を僭越でありますが探ってみたいと思います。

### 一、体力的問題点

ヒトの身体は人間の根幹をなすものであり、何事をするにせよ身体の働きにより達成されます。年齢を重ねるとともに体力は低下し行動が遅くなります。このことは誰しもが同じ条件であります。従って、身体づくり・トレーニングを行ってみては如何でしょうか。長年、仕事に従事し生活の基盤をつくり、仕事の傍ら稽古を積み重ねてきたヒトが定年になり急に稽古量を増やすことは危険です。そこで、おすすめが身体づくりから徐々に稽古量を増やしては如何でしょうか。

私が身体づくり・トレーニングをおすすめした事例を紹介したいと思います。元高体連委員長の岡村忠典先生が重職を終えられ定年になってからのことです。先生は定年後に稽古量が倍になり楽しく稽古を行っていることをお話しされました。私は間髪入れずに「それは危険ですよ、ぜひ身体づくり・トレーニングを行って下さい」と申し上げたことがあります。幸い岡村先生は定年後、東海大学で講師を勤められていたことから、大学で体力測定をされ、測定結果に基づいてトレーニング処方をして頂き、身体づくり・トレーニングをされたのです。先生は、真剣に身体づくりに取り組み、稽古量も増やし見事、63歳で八段に合格されました。岡村先生は身体づくりの期間中、「林さん、トレーニングは不思議だね、身体が勝手に動くんだよ。当たりも強くなって相手が跳ぶんだよ」、そして「続けることが難しい」とも言われました。この事例は今も忘れることができません。ぜひ皆さんも身体づくりをなされては如何でしょうか。この身体づくり・トレーニングについては後に紹介します。

## 二、技術的な問題点

技術的側面を考えてみますと、さまざまな問題点が考えられますが。ここではその一部を紹介します。長年稽古を積み上げ地力があり強さを感じるのですが合格がおぼつかないヒトが多くみられます。そこで稽古をお願いし感じる事は、その殆どが「難しい剣道」をされる事です。

それは、①「防禦が強く打たせない」、②「間合いが近く打ちにくい」、③「力まかせで打つ」、④「剣先は強いが打突できない」、⑤「形にとらわれ技が発現しない」、⑥「合気にならないで自分勝手な稽古」など稽古をお願いすればこれらのことが分かるのです。

結論から述べますと、相手が「やりやすい剣道」を心掛ける事でしょう。そのためには、①構えは力を抜き形にとらわれないこと。②間合いは遠間で対峙すること。③打突は、剣先を上げ腰を移動させること。④

相手と気を合わせ立会うこと。⑤打たれても良い気持ちで向き合う。このことは矛盾しますが、昔から「打たれて強くなる」と言う教えがあるように打たれて打突の機会を覚えるのです。

これらの事が解決できれば剣道が変わるでしょう。そのためには、師匠や先輩先生に或は後輩に見て頂いては如何でしょうか。また、全剣連の剣窓の総評や寸評、および剣道雑誌などを読んで理解し実践する事が早道でしょう。

## 三、精神的な問題点

「精神とは」、思考や感情の働きをつかさどる、人間の心と一般に言われています。全剣連初代会長の木村篤太郎先生は、揮毫に「心定変応」と言う名言を残されています。つまり、心が定まっていれば、どのような変化にも対応できる、と言う教えなのです。

審査の前や立会の前を考えると緊張の連続で落ち着く暇はありません。平常心でない事は明らかです。例えば「正座や座禅で瞑想・黙想をしているヒト」、「素振りをしているヒト」、「柔軟体操やストレッチをしているヒト」などは、心の安定と身体の動きを良くする為の準備として位置付けていると思われます。また、「他人の立会を見ているヒト」、「剣友と話をしているヒト」、「あちら、こちら、うろうろしているヒト」など様々な行動が見られます。つまり、心が落ち着かなくて緊張するのです。例えば、試合の上手いヒトは、試合前の心のコントロールが上手です。それは何回も試合を繰り返し、自分自身のコントロールの仕方が構築されている事から堂々としているように見えますが、実はある程度の緊張感があるのです。緊張感があるからこそ良い試合ができるのです。つまり、ほどよい緊張感を創ることが精神面では大切なのです。

私は、常日頃は一生懸命、試合や審査は命懸けと言います。心のコントロールは、これが良いとは言えませんし永遠なる課題であり、自分流を構築することだと思います。

以上のことから、60歳以上の年齢を重ねてきたヒトは、体力・身体づくりと技術的側面そして精神的側面を再構築しては如何でしょうか。

この原稿を書いているさなか、朝刊が届いたので目を通してみたところ、新聞記者の一文に目が留まりました。その一文は私のことを言っているようでした。

新聞記者は「世の中のさまざまな出来事を簡潔かつ的確に伝えるために、新聞記者が徹底的に仕込まれるのが、いつ・どこで・だれが・何を・なぜ・どのように……の５Ｗ１Ｈを押さえて書く技術だ。これが本当に苦労する。いろいろ工夫して覚えていくのだが、実は料理本が参考になる。どんな材料をどのくらい用意するか、どのタイミングで、どのくらい火を通すのか。何故そういう手順なのか、５Ｗ１Ｈがきちんと頭に入っていないとレシピは書けない。子細に書きすぎると読む側は辟易するし、省きすぎれば、わからなくなる。この辺の微妙なさじ加減が難しい」と書かれていました。悪戦苦闘している私への提言のような早朝となりました。

# 第4章 理合剣道を求めて柳生新陰流を学ぶ（上）

今年の学生日本一を決める全日本学生剣道選手権大会を終え、我が家にたどり着いたら妻が、「山口さんから五段に合格されたと言う電話があったよ」と報告してくれました。

彼女は、私が若いころ指導していた「雙林館剣道教室」で子供とともに36歳で剣道をはじめられ、63歳で合格されたのです。つまり、27年間子供を育てながら家庭を守り、余暇の時間を創り修行されたのです。運動能力は決して高いとは言えませんが、実に熱心で一生懸命に取組まれるタイプであり、基本に忠実でコツコツと積み重ね努力されました。その努力が実り、見事に花が咲いたのでしょう。まさに、このテーマに即した年齢とともに伸びている証です。

さて、前章は、京都大会における高段者の演武、八段審査の分析、八段挑戦の意識と技術的研究、そして現在の八段審査の動向および60歳以上の審査について述べさせて頂きました。今章は、柳生新陰流から学んだ剣の理についてご紹介します。

# 耐えて活路を見出す

孔子は、「30歳にして立つ」「40歳にして惑わず」と言う名言を残しております。今になって私事40歳代を顧みますと競技剣道から理合剣道への転換を図り、闇雲に修練を続ける中で自問自答を繰り返し一筋の光明を得ようとしていました。

しかし、なかなか思うように事が進まず、迷った年代でもあったのです。とはいえ、迷っていても道は開けないと思い自分自身を見つめるために様々なことに挑戦した時期でもありました。腰痛になりストレッチ体操を学んだ事。ゴルフの手ほどきを受け、基礎・基本の大切さを学んだ事。歩くことにより下肢筋力を鍛えた事（当時カートは無かった）。スキーの検定試験の際にジャンプで遠くに飛躍できなかった事から、パワー低下を感じ体力トレーニングを行った事。東京大学への内地留学で研究と身体づくりのトレーニングを実践した事。学生が不慮の事故を起こした事など公私にわたり40歳代は様々な生き様を蓄積する「場」の論理形成であったと思われます。一言で言うならば「耐えて活路を見出す」「耐えて自分自身に勝つ」ことでした。

人間は「試練のときこそ伸びるチャンスがある」と言われています。例えば、トレーニングは長く続けなければ効果は少ないものです。続けている中で休息を取ることにより超回復のメカニズムが生まれ、再びトレーニングを続けることにより効果が高まります。つまり休息を取り休むことも強くなる・伸びていくための必要条件なのです。

## ゴルフに学ぶ

「体育・スポーツの先生は、何でもできなければ体育教員と言えない」

また、「大学教員は研究論文を書かなければ失格だ」、さらに「やれば良いんだよ、結果は後からついてくる」

この言葉は、私の学問の師匠である福永哲夫先生（現在鹿屋体育大学学長）が大学教員を目指している大学院生に講義されていた教訓です。この教訓が常に私の脳裏に残っています。

私は大学教員として剣道のみでは駄目だと思っている矢先、今は亡き鹿児島実業高校の大口昭三先生からゴルフの手ほどきを受けました。ある夏休みの早朝、宿舎の庭にあったゴルフクラブを握りボールを打ってみたところ第一打空振り、第二打マットが跳ぶ、第三打ボールに触るなど徐々にボールが打てるようになりました。そしてゴルフ場に連れて行かれ、貸しクラブ・貸しウエアー・貸し靴などゴルフに必要なものを全て借用しラウンドに出ました。

ところがハーフ（1番から9番ホール）が終わった時点で手と足が豆だらけでプレーが出来なくなり、リタイヤを余儀なくさせられたのです。そこで学んだものは、ボールを打つためには正確なコントロールショットが求められ、基礎・基本技術が身に付いていなければ良いスコアーにならないという事でした。また、基本的な知識とルールを学ばなければ上達の可能性がない事を学んだのです。

今ひとつは、当時はカートがない事から、約4、5時間歩けるだけの下肢筋力のトレーニングになったのです。このような体験から、私のゼミナール生は最初のオリエンテーションで必ずゴルフを行います。それは基礎・基本の大切さを学んでほしいからであります。

このような事から、40歳代は身体づくり・トレーニングの必要性を感じ、ゴルフを嗜んだのです。しかし50歳代は、年齢的に学内や学外の様々な仕事が多くなり、多忙な毎日でゴルフができなくなりました。

そんな時にカナダ・ビクトリアに住んでいる孫たちに『祖父ちゃんゴルフしょう』と誘われ、「馬に引かれて善光寺参り」ではありませんが、65歳から再びゴルフを始めました。

しかし、昔の感覚は甦らず再び基本の練習からのスタートとなりました。つまり、継続しなければ力は落ちる。まさに「継続は力なり」を改めて痛感させられたのです。

当時を思い起こすに剣道界はゴルフを行う事は、戒められていた傾向があり、胸を張ってゴルフに出かける事はできませんでした。しかし、ゴルフは剣道と同様に何歳になってもできる事から健康ゴルフもおすすめです。

これらの事は、年齢を重ねてきてようやく分かる事であり、老いてできる事もあります。剣道においても様々な経験・体験を積み重ねて分かる事があり、老いて伸びていく事もあると感じています。

## 柳生新陰流宗家柳生延春先生との出会い

筆者は40歳で競技剣道に区切りをつけ、「良い剣道」「良い稽古」を目指し稽古に取組んでいました。しかし、長年培ってきた悪い癖は、なかなか直らず試行錯誤しながら矯正しました。そこで京都大会の高段者の立会や八段審査の分析結果から、「理合剣道」の必要性を感じ、稽古に取組んでいたものの、稽古を続ける中で技術的、精神的にも行き詰まり壁にぶつかっていました。壁を破るために何か、きっかけが欲しかったのです。

このような時、尾張名古屋に伝承されている「柳生新陰流」宗家の第21世柳生延春平厳道《やぎゅうのぶはるたいらとしみち》先生を訪ねました。生きるか死ぬかの生死をかけた真剣勝負の世界で構築された剣の理に、何かヒントが得られるのではないかとの期待があったからです。柳生先生に、「求める心がなければ、当流を学ぶ事は難しい」と言われた事がいまだ忘れることができません。

また、当流は「『沈《ちん》なる身《み》』から『直立《つった》たる身《み》』に昇華した革新的技法であります」と言われ、「沈なる身」とは甲冑剣術のとき姿勢を低くして沈んだ状態で構えることであり、我が柳生新陰流は「直立たる身」、つまり沈んだ身から自然体に立った姿勢で対応する技法を創造したことが革新的なのです、と言われたことから、現代剣道に活かすことができるのでないかと思ったのです。

今は亡き柳生先生から学んだ事は、当雑誌の「教養剣道の原理」に執筆させて頂きましたが、今章は特に現在も心に残り活かさせて頂いている事についてご紹介します。

## 柳生新陰流の特徴

柳生新陰流を学び、柳生の素晴らしさに感銘を受けたのは「懸待表裡《けんたいひょうり》、一隅《いちぐう》を守らず」、「合撃《がっし》」、「活人剣《かつじんけん》」「殺人刀《せつにんとう》」が論理的に体系づけられていることです。

柳生先生に稽古をお願いしているときは、その技法を学ぶことで精一杯でした。改めて考えてみると、相手と向き合ったとき「懸待表裡」のみでは、全ての相手に勝つことができない。これをもとに「一隅を守らず」と言う自由自在な考えから「活人剣」を説き「十文字勝ち・合撃」で勝つべきして勝つ必要条件をもとに十分条件を考案し、さらに絶対条件を創造した心法・技法が柳生新陰流の特色なのです。「理合剣道」を求めている私にとって、これらの特色は現代剣道に活かすことができると思ったのです。

## 柳生新陰流の神髄

改めて、柳生新陰流の剣理について考えてみますとその素晴らしさが蘇ってきました。柳生先生にお会いしてから、その風貌と眼の鋭さは現代のサムライを感じ、気持ちが集中し緊張しました（写真４―１）。

毎週木曜日、午前中の授業と稽古が終わりレストランで昼食をしながら柳生談義に没頭したものです。お話を聞いている中で先生からは、一人でも多くのヒトに柳生新陰流を学んでほしい事が肌で伝わってきました。400年以上の歴史を持つ世界に誇る日本を代表する伝統的文化の真髄を後世に伝えなければならないと言う危機感が伝わってきました。柳生先生と稽古や食事をしながら学んだ柳生新陰流の神髄を次に紹介します。

読者の皆さんは、柳生新陰流と言う兵法に接する機会がほとんどないと思います。そこで、先月号で紹介した新聞記者が徹底して学ぶ５Ｗ１Ｈを思い出しながら、できるだけ近づけるように記述してみます。

写真４－１　柳生延春先生の「青眼・無形の位」（提供＝柳生延春先生）

# 「懸待表裡、一隅を守らず」の論理

柳生先生は、講義のとき「新陰流兵法口伝書」（写真4―2）を毎回お持ちになりました。これは、名古屋・東京・大阪で柳生会の講道を説かれるときの資料で初心者には読んでもなかなか理解できないのが現実でした。柳生新陰流を理解するには、実際に稽古をおこない説明を聞かなければ理解することは難しいのです。

そこで「懸待表裡、一隅を守らず」の論理を原文のままでは理解しがたい事から、稽古や食事をしながら学んだ事とメモ帳から記述します。

「当流の特色は、『懸待表裡、一隅を守らず』の教えに代表され、『懸』とは、先制攻撃でやられる前にやってしまう。『待』とは、相手が斬ってくるのを待ってやっつけることです。『表裡』とは、表と裏の事で、『表』から攻めて勝つ、『裏』から攻めて勝つ事ことです。『一隅を守らず』とは、『一つの事に、一方に、一カ所に偏らない、拘らない、留まらないなど、それ一辺倒になってはいけない事です』」と実に分かりやすく技法について説明されたのです。

さらに、「懸かりは懸かりにあらず、待は待にあらず」「懸かりは意、待にあり。待は意、懸かりにあり」と説かれ、「『懸』は先制攻撃で切り込んでいくけれども『待つ』と言う気持ちが必要です。『待』は相手が切り込んでくるのを待つけれども常に『懸かり』の気持ちがなければならない。この事が『懸待一致』です」。心法について先生はこのように説明されたのです。

また、「表裡」は、表から攻める事と裏から攻めること。また、相手が中段に構えているとき、刃は裏になり、峰は表です。相手が刀を振り上げ刃が自分に向かっている場合は表になり、峰が裏になる。さらに、「表」は正面から攻撃して勝つ方法で、「裏」は、いわゆる搦《から》め手で勝つ。つまり、相手と剣を交え戦う場面においては、この四つの働きを念頭に置きながらも、一辺倒にならないことが肝要であると説かれたのです。

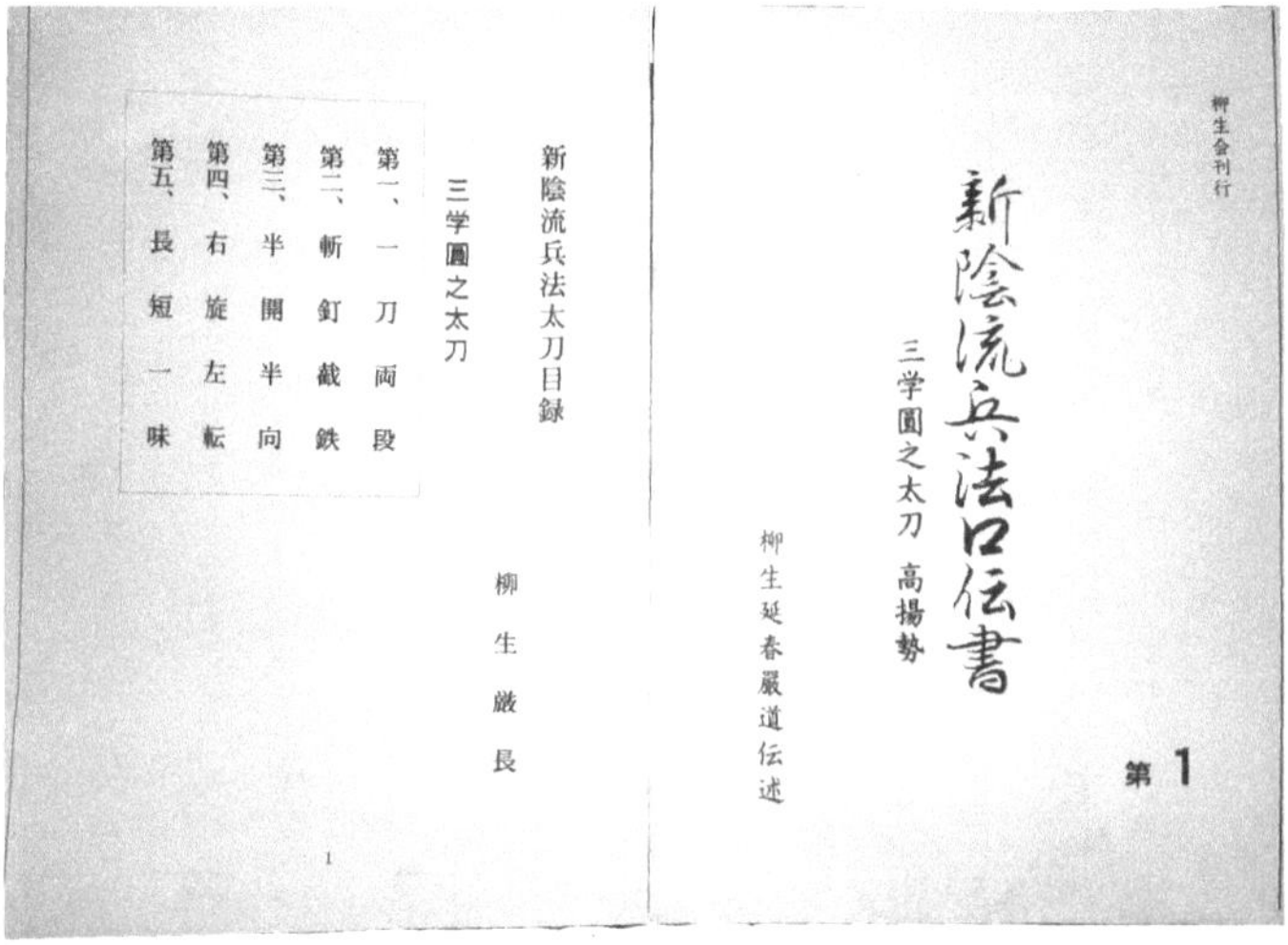
柳生会刊行
新陰流兵法口伝書
三学圓之太刀　高揚勢
柳生延春厳道伝述
第 1

新陰流兵法太刀目録
三学圓之太刀
第一、一刀両段
第二、斬釘截鉄
第三、半開半向
第四、右旋左転
第五、長短一味
柳生厳長
1

写真４－２　新陰流兵法口伝書

戦いにおいては状況に応じて自由自在に使い分け、一辺倒に偏ってはいけないとの、柔軟な合理的な考え方であったのです。

これらの事から40歳代は、理に適った「理合剣道」を目指していた事から、この柳生新陰流の斬り合いの本質である「剣の理」を応用すれば良いと思ったのです。そこで「懸待一致」の技法と心法を、どのようにすれば良いか工夫し稽古に取り組んだのです。まさに柳生新陰流の「三摩の位」、習い・工夫・稽古の学習論が必要であったのです。

## 「活人剣」の技法と応用

あるとき、柳生先生との稽古が終わり、昼食をご一緒したときのことです。先生に柳生新陰流の極意である「活人剣」について質問したところ、次のように言われたのです。

活人剣とは、「敵に従って転変し、一重の手段を施す。

あたかも颪を見て帆を使い、兎を見て鷹を放つが如し」と説かれ、それは、「『敵に働きを出させ、その働きに随って勝つ』技法が活人剣です。この活人剣を確立する為には、『懸待表裡、一隅を守らず』の心法と技法が必要であり、さらに合撃・十文字勝ちの技術を身につければ、勝つべきして勝つことができる」と説明されました。その為には「堂々と構え」、攻めると相手は防御になることから、柳生は攻めと言う言葉を使わない、「間づもり」と表現している、と言われたのです。

この説明を聞いて、「堂々と構えるには、どうすべきか」「間づもりは、どのようにすべきか」これができれば「活人剣が応用できる」と考えたのです。

剣道は「打つか、打たれるか」の攻防を繰り返している中で堂々と構える事は至難な技術です。そこで「堂々と構える」為に、次の様に考え実践したのです。

①相手の攻めに対して前さばきの技術を覚える事。
②相手の打突に対して応じる技術を体得する事。
③相手の起こりを捉える出頭技を身に付ける事。

これらの技術を身に付ければ、ある程度落ち着いて堂々と立会う事ができると考え実践したのです。それは次の通りであります。

①前さばきは、相手が前に攻め入るところを竹刀でさばくのと体で捌くのを心掛け、防禦ではなく打突できる状態を創るようにしました。また、相手が前に攻め入らないようにする為には、構えたとき剣先で「突くぞ」と言う気構えで対峙する事。また、無理に前に入ってくる相手には、諸手突きで攻めれば良いと考え実践したのです。さらに虚をついて打突してくる場合は、応じて打てる状態を創るようにしたのです。

②打突に対しては、すり上げる、返す、抜く、打ち落すなど応じ技を徹底的に稽古したのです。
③出頭技は、先に仕掛け、起こりを捉えるように稽古をしたのです。

そこで応じ技や出頭技は、「先」を取るために僅かに右足を前に出して仕掛け相手が打突し易いようにしたのです。競技剣道の頃は、待っていたため失敗ばかりでしたが、先に仕掛けるようになってから成功するようになったのです。但し、誘いは失敗するのです。

このような稽古から、堂々と構える事は出来ないが徐々に余裕を持って相手と対峙できるようになっていったのです。自身より下位者との稽古では崩れが生じ、上位者の方が崩れないのです。また、試合では思うように出来ないが地稽古や立会稽古では堂々と出来るのです。それは、無駄無理な事をしないからです。

## 柳生新陰流の稽古法

柳生新陰流の稽古は、三種の太刀と試合勢法《せいほう》を中心に行われたのです。これらは柳生新陰流の表太刀で稽古の中核を占めるものとなります。三種の太刀は、図４―１の様に「三学圓之太刀《さんがくえんのたち》」「九箇之太刀《くかのたち》」「燕飛之《えんぴの》太刀《たち》」で、この形を中心に指導されました。太刀とは、現代剣道の「形」であり勢法とは、「稽古」と理解して頂ければ良いでしょう。

「三学圓之太刀」は、待の形で待って勝つ技法。待の理合を５本の形で構成されています。後に述べます。

「九箇之太刀」は、懸の形で自分の方から相手に向かっていく懸かりの技法。懸かりの理合を９本の形で示

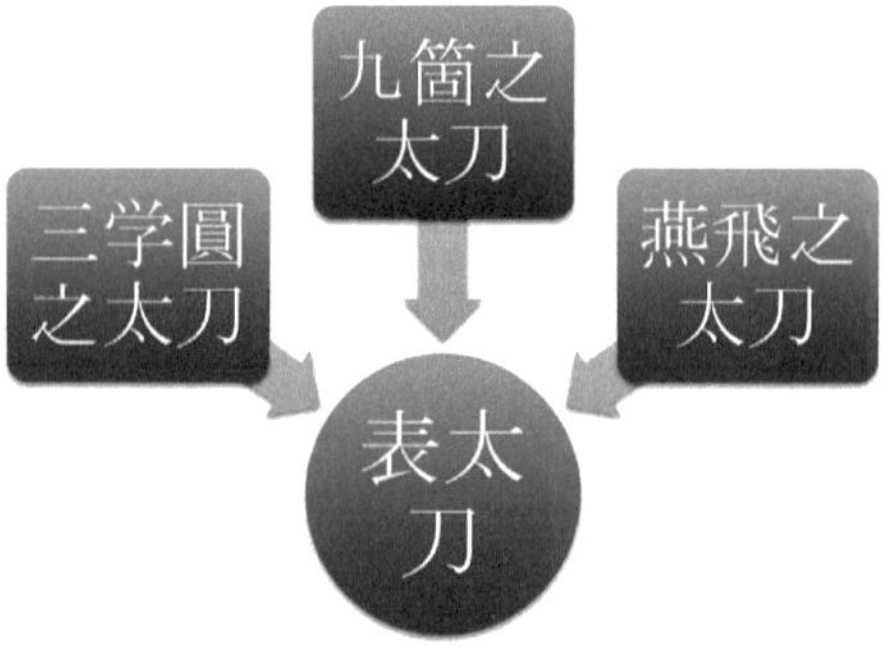

図4－1　柳生新陰流の三種の太刀で表太刀（中心になる形）

しています。この形は、使太刀が先に仕掛けその状況を見て対応して勝つ技法なのです。つまり使太刀が先に仕掛けて切り込むと、打太刀がそれに対応して打ち込んでくるのを転じて勝つ技法です。例えば、小手を打つと相手は抜いて面に打ち込んでくるのを返して胴を打つような非常に難易度の高い難しい技術なのです。

「燕飛之太刀」は、懸待の形で懸かりと待の両方を使う技法です。懸待の理合を6本の形で構成され、懸待表裏の働きをまんべんなく表しています。

今一つは「試合勢法」で、この形が最も現代剣道に近い状態での稽

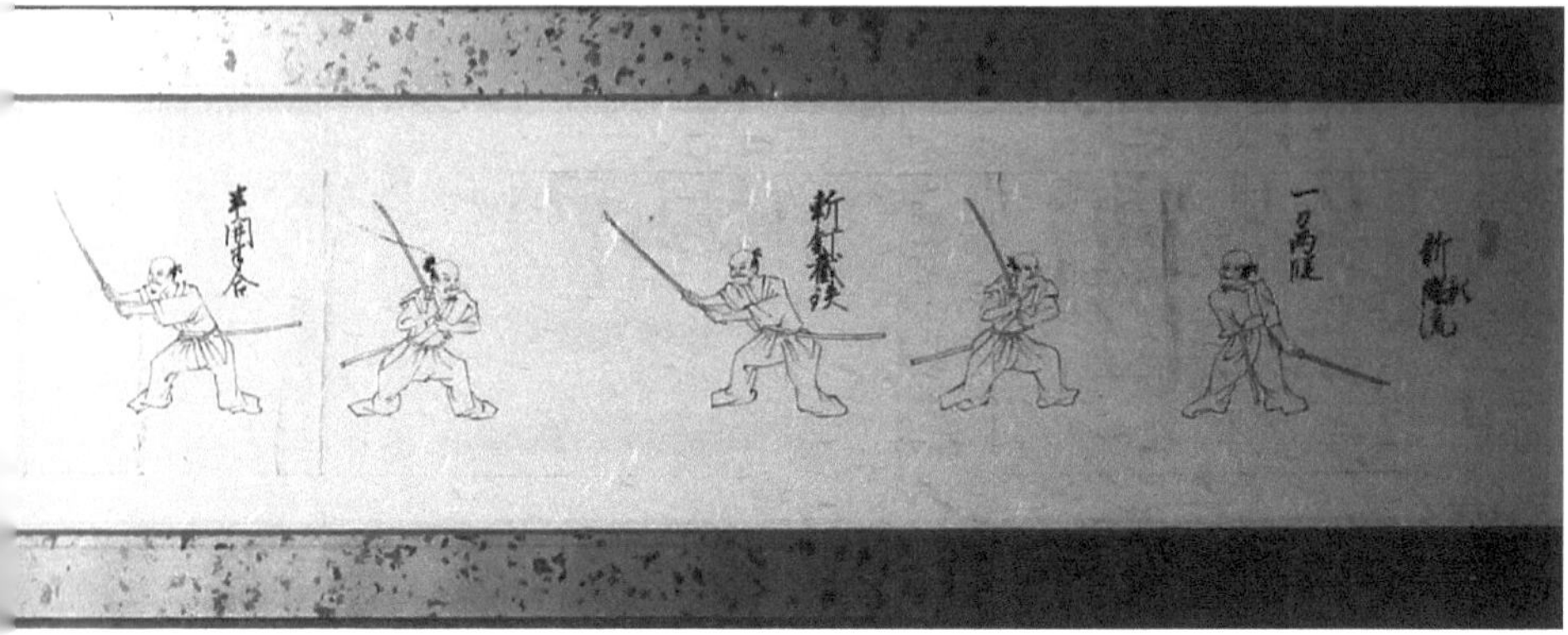

古法なのです。つまり、技が連続的に繋がっており、受けがなく受けたならば応じる技が続くのです。この稽古法から、切り返しの切り返しを考案したのです。

## 三学圓之太刀の技法

三学圓之太刀は、図４―２の様に５本の形で創られています。一本目は「一刀両段《いっとうりょうだん》」、二本目は「斬釘截鉄《ざんていせってつ》」、三本目は「半開半向《はんかいはんこう》」、四本目は「右旋左転《うせんさてん》」、五本目は「長短一味《ちょうたんいちみ》」で構成されています。

これらの形は、打太刀が師で使太刀が弟子で向かい合います。この

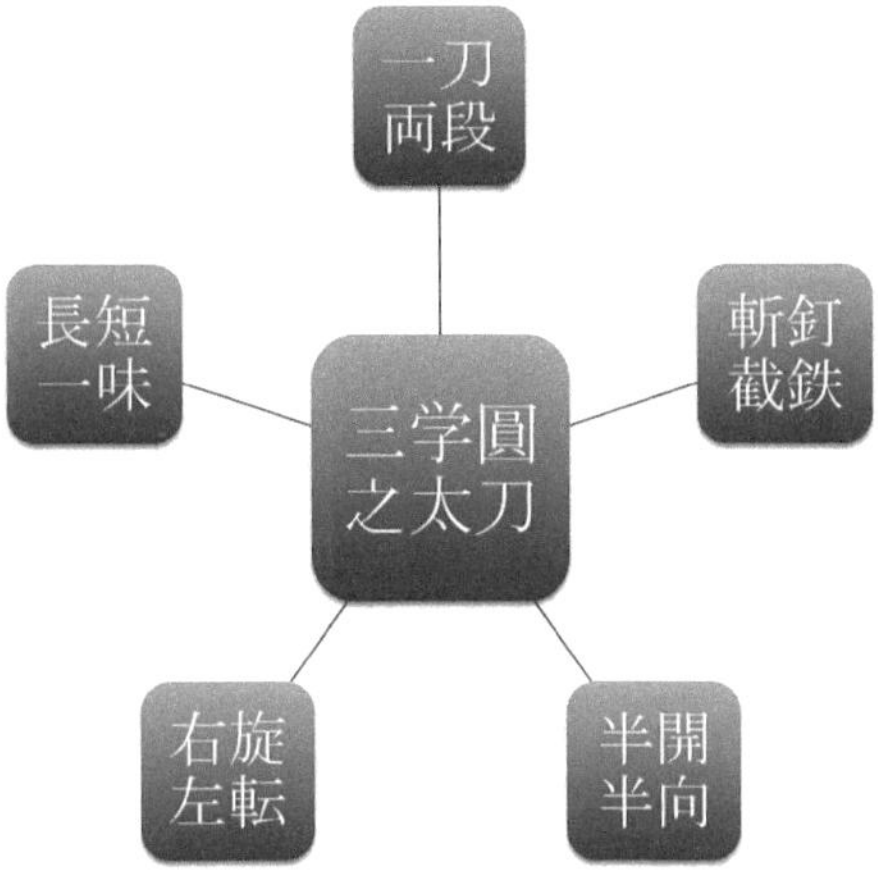


図４―２　三学圓之太刀（待の形で待って勝つ）

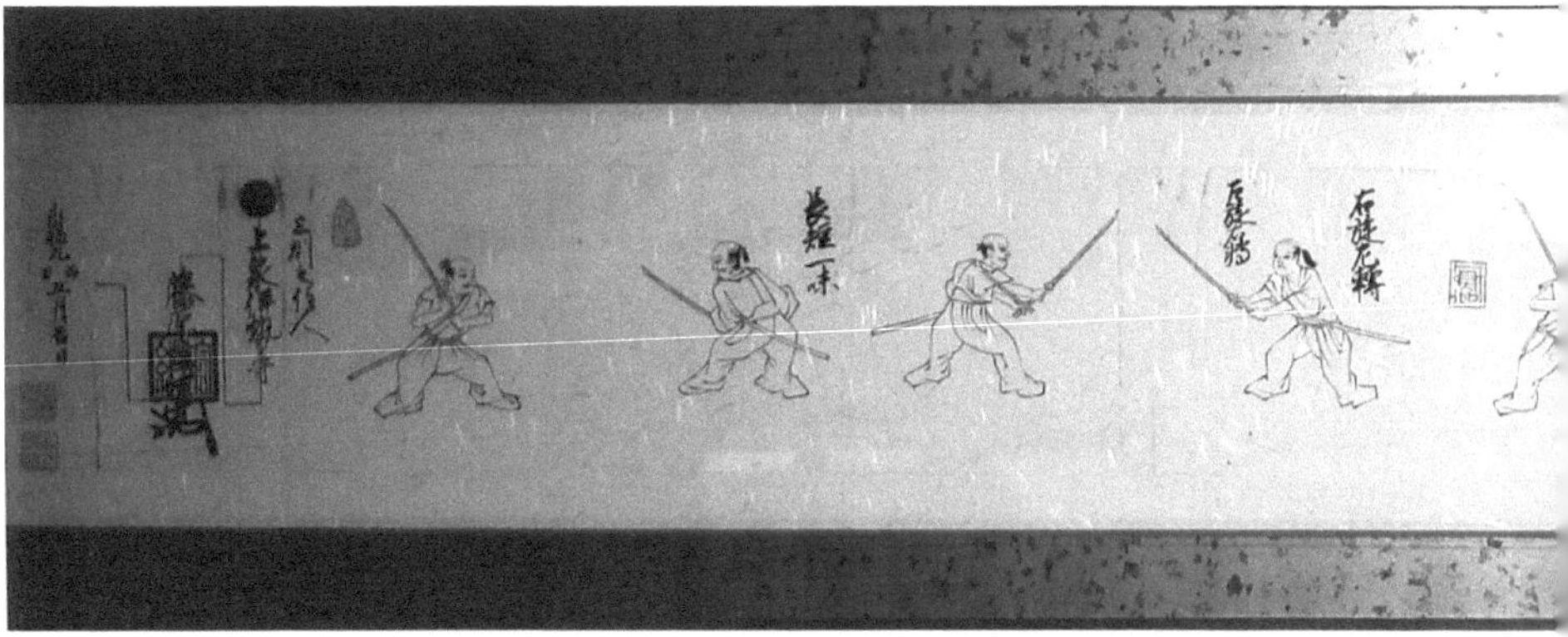

写真４―３　柳生先生から複写していただいた三学圓之太刀（わが家の宝物）

技法は、打太刀が積極的に懸かっていくのに対して、使太刀は待ちでありながら懸かりへ瞬時に変化する形なのです。つまり、外面上は待ちに見えますが内面は懸かっているのです。このことが懸待一致なのです。つまり、戦いの場の中で心と体を一つにして心身一如の状態を創り敵に勝つ技法なのです。

この三学圓之太刀は、私が八段を受審したとき応用した技法です。その中の「一刀両段」を紹介しましょう。

## 一刀両段

読者の皆さんは、柳生新陰流の経験が殆どないと思われますので用語は出来るだけ剣道用語に置き換えて説明します。

三学圓之太刀の第一の形である「一刀両段」は、打太刀・使太刀ともに、おおよそ9歩の間合いで立会、使太刀（弟子）が待の状態、つまり脇構え（車の構え）で待つ。一方、打太刀（師）は、中段の構から歩み足で使太刀に接近し一足一刀の間（間づもり・打ち間）に接するや真っ直ぐに竹刀を振りかぶり（雷刀《らいとう》）正面に打ち込む。使太刀は、その太刀を見るやいなや充分に斬らせ、間髪入れず脇構えから上段（雷刀）になり真っ直ぐに（正中線・人中路《じんちゅうろ》）斬り下し合撃（相打ち・十文字勝ち）して勝つ技法なのです。「待」の状況であった使太刀が打太刀に対して使う十文字勝ちの中に「待」から「懸」への厳しい変化が「転《まろばし》」してあり転変して勝つ極意なのです。

これは、相手が先に正面を打ち込んでくるのを見て時間差で後から技を出して勝つ技法で、これが活人剣なのです。つまり、相手の働き、動きにしたがつて対応して勝つ技術なのです。剣道に置き換えますと相打ち相面に相当する技です。しかし、若干違うところは相手が打突してくるところを見て、後とから打って勝つ、時間差の技術と考えて頂ければ良いでしょう（時間差攻撃）。

柳生先生との稽古の中で、先生が打ち込んでくるタイミングは合うのですが合撃したとき身体が反り、頚反射してしまうのです。

写真４－４　一刀両段　立会いの間合から間づもりで打間を創る

写真４－５　一刀両段の合撃（右側は柳生先生。左が筆者）

これは正面を打った場合、腕を伸ばし顎が上った状態になる。そこで顎を引くように指導され、顎を引くように何回も繰り返し行いました。これまで、剣道の打突のとき頸反射して顎が上がった稽古を繰り返して行っている事から、このような打突姿勢が出来たものと思われます。

そこで発見したのが竹刀を振り下ろすときに、お腹（腰）を前に出し重心を移動することにより懸かりの状態が創出され合撃が可能となったのです。そして、相手を打つと同時に竹刀が自分の身体に収まるようになったのです。このことは私に取って競技剣道では得られなかった理合剣道の発見であり、活人剣・合撃の極意に触れることによって私の剣道を変えるきっかけとなったと言えるのです

八段を受審するときは、特に活人剣と十文字勝ち・合撃を応用しました。それは、攻防の攻め合いの中で心身を調和させ、「先」を取る為に僅かに右足を前に出すことにより、相手を打ち気にさせ、打ち込んでくれば相打ちの合撃で対応するようにしました。つまり、攻めと言うよりは僅かに前に出る事により、相手を「打ち気」にさせて「先」を取ることがコツでした。この様に相手の動きに相応した身体の自然な働きにしたがった勝つ方法として活人剣を応用したのです。しかし、相手が打ち気にならない場合は、積極的に「先」を取り先制攻撃で打ち込んでいく「殺人刀」も採り入れなければならないこともあります。このように柳生新陰流の「懸待表裏」「活人剣」「殺人刀」「十文字勝ち・合撃」を相対する相手の状況に応じた心身即応を目指したわけです。

以上の事から、八段審査に挑戦の為の剣道は、構えは堂々と構え「懸待一致」の懸かりと待つ両面の状態を創出し、攻めにおいては「懸待表裡　一隅を守らず」で攻め、打突に至っては「活人剣」と「殺人刀」を応用し、残心においては打ち切った事により自然に残心が備わり構えへの循環を意識したのです。

この様に柳生新陰流の勢法・形を学ぶ中で自身が変化していく過程が分かるようになってきました。

# 第5章

# 理合剣道を求めて柳生新陰流を学ぶ（下）

# 理合剣道の模式図

前章で紹介したように柳生新陰流を学び、稽古を実践している中で図5―1のような理合剣道を考えました。図5―1をご覧下さい。一番上が剣道の打突過程の技術構造、二番目が打突過程における懸待一致の創出、三番目が懸待一致から活人剣と殺人刀の応用。これが理合剣道の模式図です。これらの要素は構えから残心、そして構えへと循環していることから切り離すことはできません。剣道は、「始め」から「止め」まで終始一貫して続いていいます。それは、いかなる状況におかれても対応しなければなりません。打突過程の技術構造を剣道と柳生新陰流を対比させたものが図5―2となります。

## 打突過程の模式図

図5―2は、剣道と柳生新陰流の技術構造を対比させたものです。上側が剣道で下側が柳生新陰流となります。柳生新陰流の稽古を行っている中で剣道の技術構造を柳生新陰流の技法に置き換えることにより、理合剣道の糸口として何かヒントが得られるのでないかと考えたのです。

剣道の技術構造は、構えて相手を攻め・崩して打突し残心を取ります。一方、柳生新陰流は、構えは「位」といい、攻めは「間づもり」で、打突は「太刀筋・十文字勝ち」、残心は「備え」となります。これらの対比した内容を比較すると次のとおりとなります。

●「構えの事を『位』と言い、構えとは言わない。何故ならば、『位』は、相手に対して位負けしない精神的な意味が含まれ、ものの見方を大きく見る事となります。また、『構え』と言うと構えてしまう傾向があることから『位』と言うのです」と柳生先生は説かれました。

そこで堂々と構え「位」を高くするための方法は、前述したように「①前さばきの技術を習得する事」「②応じ技を体得する事」「③出頭技を身につける事」をめざし、その結果、以前よりも自信を持って相手と

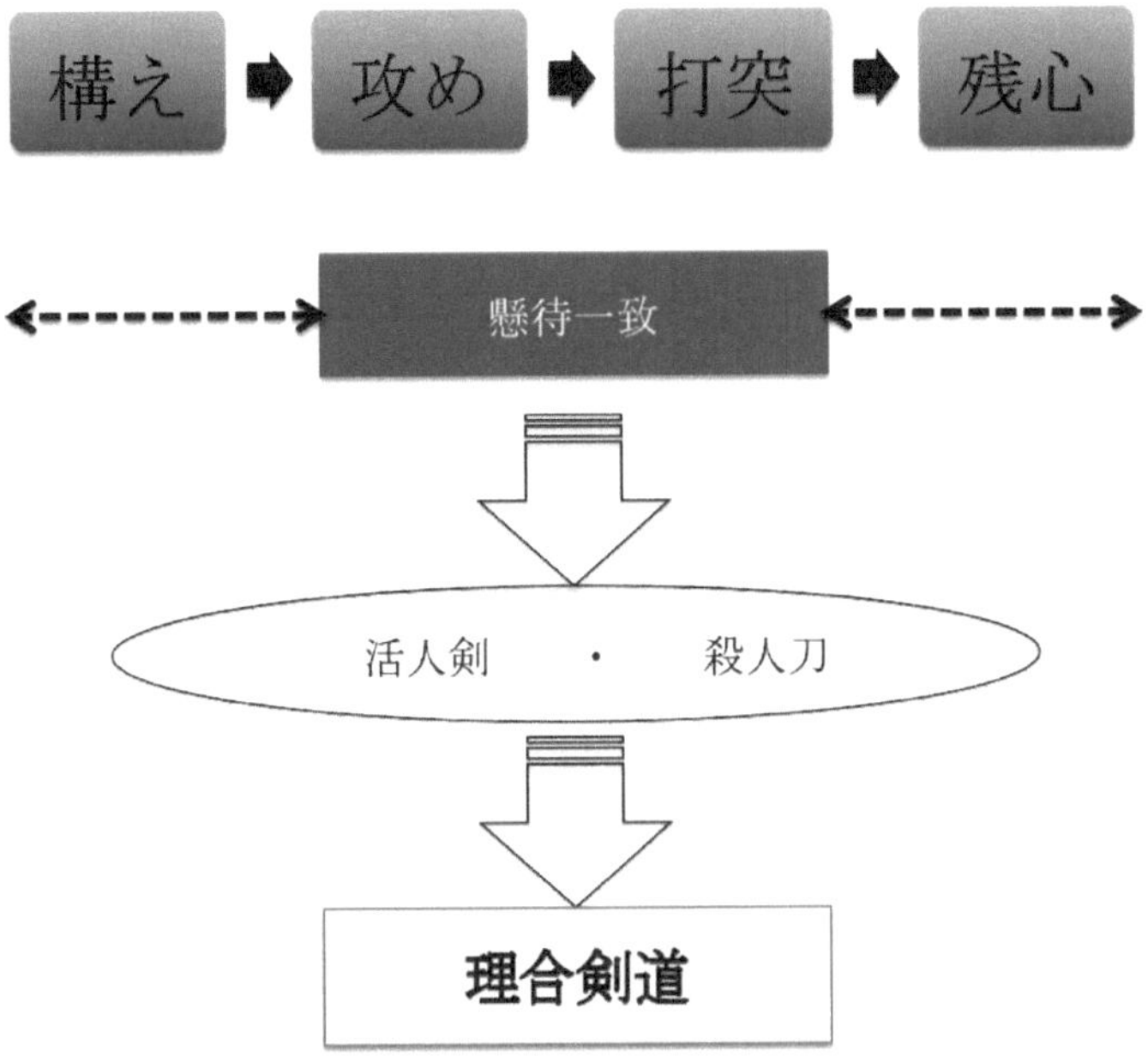


図５－１　理合剣道の模式図

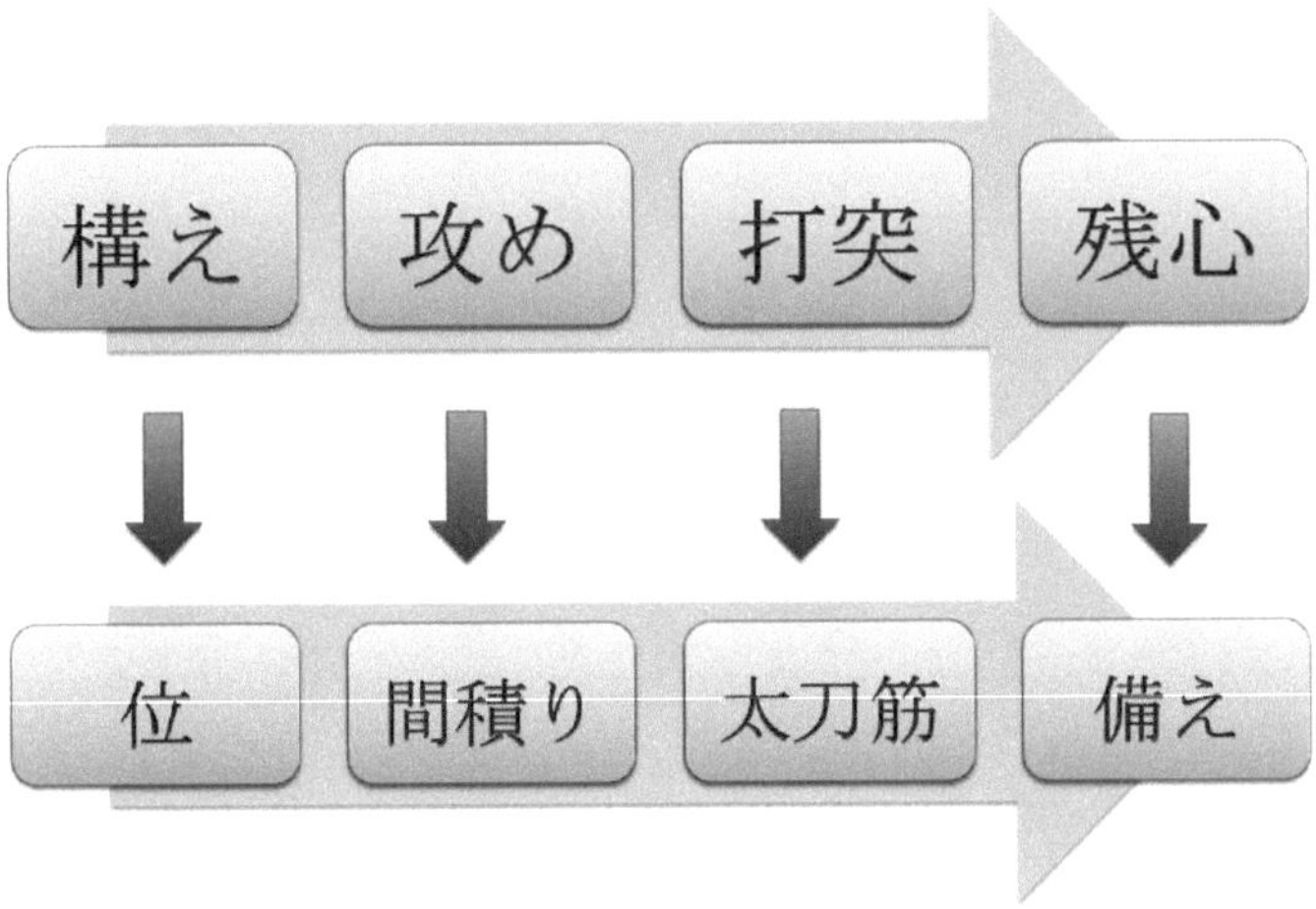


図５－２　技術構造の対比

対峙し堂々と構えられるようになりました。
●柳生新陰流では攻めは、「間づもり」と言い、打ち間を創る事です。攻めると防禦になる事から打つ事は難しくなりますが、打ち間を創る事により、相手も打つ事ができ、自身も打つ事ができる状況が生まれます。その状況から良い稽古が生まれるのです。攻め合いの中で打たれたくない意識が働くのは当然ですが、そこを我慢し、打ち間を創ることが「間づもり」です。
●打突は、太刀筋の事であり相手に対して、あるいは自身の人中路を（正中線）切り下ろす。相打ちの合撃は、竹刀が自身の身体の中に収まるように切り下ろすと同時に相手に正体する事が肝要です。
例えば、素振りは相手を想定して打つ素振りではなく、自身を打つ素振りをする事により身体の中に竹刀が収まるのです。その事が打ち切った技になり、残心にも繋がり身の備え・心の備えができることで、構えへの循環が成り立つのです。若いころは、速く振ることを目的としますが、年齢を重ねていく中で竹刀の振りは身体の中に収まる意識が肝要と言えるのです。

# 柳生新陰流を現代剣道に活かす

私の理合剣道の課題は柳生新陰流を学び、それを如何に剣道に活かすかを見出すことでした。そこで柳生新陰流から学んだ事を剣道に応用した心法・技法について述べる事にします。

## 1、構え

構えは、「堂々と構えなさい、位を高くしなさい」の教訓から、前さばきと応じ技・出頭技を徹底的に稽古古したことにより、自信を持って相手と向き合うことができました。また、背筋を軸にして心眼・腹心・足心を意識して構えました。堂々と構える、位を高く構えるといってもそんなに簡単に出来るものではありません。形だけ意識しても打突されて崩れてしまいますが、試合や稽古で使わない様々な技の稽古を徹底的に修練し体得する事により、自信を持って相手と対峙する事ができ、堂々と構える事が出来るようになりました。

## ２、間合い

間合いは、立会の間合い（９歩の間合い）から歩み足で打ち間を創る事と、一足一刀の間から機を見てタイミングを図り、一挙動で斬り込むのが柳生新陰流の戦い方です。そこで遠間で対峙し、攻め合いの中で足の捌きと竹刀の触れ合う感覚で「先」を取り、打間を創り、活人剣と殺人刀を応用しました。活人剣は相手の動き、働きによって出頭技や応じ技で対応が可能となるものです。

一方、殺人刀は相手の動きを封じて斬り込むものです。相手が打突しない、待っている場合には、積極的に攻めて打突しました。

相手が前に次から次へと攻め入ってくる場合には、前さばきで左右に体を捌き、打てる状態を創るようにしました。また、竹刀で押さえる・払う・張るなどして打てる状態を創ることもありました。さらに前に入ってくる相手には、諸手突きで攻めることで前に入ってこられないように攻めることも有効でした。

## ３、攻め

攻めは、適切な間づもり（間合いをつめ）で機を見て打間を創る事が必要になります。柳生新陰流では、攻めると相手が防御する事から間づもりで対応します。

攻めは、相手を如何に「打ち気」にさせるための技術・コツが必要です。足の使い方と竹刀・剣先の動きを変化させる事により相手を打ち気にさせることを心がけ、攻めに繋げていく工夫をしました。この場合、あくまでも剣先で中心を取っていることが肝要です。例えば、剣先を上・下・右・左・右斜め上など外して打ち気にさせます。従って剣先の位置は無限で相手によって対応するのです。剣先の低い相手は上に立て、逆に高い相手には下に瞬時下げることにより打ち気にさせる事が肝要です。このように剣先の変化と足さばきを一体にし、攻め方の工夫をすることが重要になるのです。攻め方は無限であり、これで良いと言う事はあり得ない事から常に研究が必要になります。攻めの中で、誘いは失敗する可能性が高い事から戒めなければなりません。

## 4、打突

「打突は、思いきって打ちなさい。全身全霊で本気で打ち込みなさい」と柳生先生からご指導をいただきました。思い切って本気で打ち込むためには、竹刀を大きく振りかぶり身体を使って捨て身で打たなければ打ち切った技にはなりません。これまでは勝つことが主眼であったことから、小さく速く打つ事を心掛けていましたが、前述の様に打ち方を大幅に変えた事により、打っても打たれてもすっきりした精神状態が創れるようになりました。

## 5、残心

残心は、前述の打突の要領で行うようになってから、身体に竹刀が収まり、自然と残心ができ、しかも技が繋がるようになりました。残心は、「身の備え」「心の備え」である事から高校の頃、「残心が大事だ、残心が出発だ」との教えが蘇ってきました。

## 如何に打ち気にさせるか

剣道は、相手が「打ち気」にならなければ、打つ事はなかなかできません。一方的に攻めて打つことは至難の業です。そこで、如何に相手を打ち気にさせるかについて考えてみます。

私が試合で負けたとき、相手に「打ち気」にさせられ、その隙を打たれたことが多くありました。試合巧者のヒトは、戦い方（戦術）を知っているのです。例えば、身長の小さいヒトは、長身で大きいヒトと戦った場合、巧みな強い攻めから追い込み瞬時に気を外し、その出頭を捉えて打突する事や、居着いたところを打つ事を知っているのです。

その逆に、相手に追い込まれ、打突に対してコート・ライン際で打突をかわして瞬時に打つ技術を感覚的に体得しているのです。これらの技術や戦術は、地稽古や試合稽古で自然に身体が覚え体現しているのです。つまり、試合巧者は勘がよく、状況判断の優れた剣士です。最近の剣士では、全日本選手権を６回制した宮崎正裕選手は、まさに攻撃剣道と防禦剣道を巧みに使い勝利を得たと思われます。また、私の恩師である恵土孝吉先生も現役の頃、身体は小さいが戦い方を知り尽くした剣士で巧みな動きで攻め、相手の打突をかわし（特にコート際）有効打突を得る。あるいは、鍔ぜり合いから、相手の体押しを有効利用し打突する技術は実に素晴しかったです。

剣道では、相手の攻めや打突をかわす事は、それほど難しい事ではない。つまり、自身が打ち気にならないからです。打ち気になれば打たれるのです。試合巧者は、そのコツを知っているのです。そこで相手を

「打ち気」にさせるためには、様々な方法があります。本来は、このような戦術は一般的に公表しませんが、私は、次のように考えています。

①自身が「気」を充実させ、相手にも「気」を入れさせる。充実した発声をして、自分自身の気を高めることで、相手の打ち気を引き出す。

②攻め合いの中で腰を安定させ、剣先で中心を攻め、「突くぞ」の気構えから剣先を外す。剣先を外すことで相手を打ち気にさせる（写真5—1）。剣先の外し方は無限だが、誘いは失敗につながる。

③遠い間合いで攻め合い、右足を僅かに前に出す事で相手の打ち気を引き出す。

④一足一刀の間で激しい強い攻め合いから、剣先を立てる事で相手を打ち気にさせる。剣先を下げると、相手が防禦する可能性が高い。剣先を上げることで打ち気を引き出す（写真5—2）。

⑤攻めると退く・下がる相手には、攻め込んで一呼吸おき剣先を僅かに外すことで打ち気を引き出す。

このように相手を「打ち気」にさせるには、様々な方法論があると思います。ただし、誘いは失敗するので、本気の攻めからこのような仕掛けを施さなければ成功はしにくいと思います。

例えば、高齢者のヒトは、おわかりのことと思いますが、元プロボクシングのヘビー級チャンピオンであるモハメド・アリ（旧姓カシアス・クレイ）の試合は、相手に積極的に技を出させ、それをアリがかわして間合いを図り、そしてカウンターを狙ったパンチで相手を攻め、疲れたところで一気に攻撃して勝つボクシングでした。

剣道の試合や立会いにおいても、そのようにすれば良いのでないかと言う考えもあるでしょう。しかし、剣道は防禦に徹していると最後は敗者となります。したがって指導者は「前に攻めよ」と指導します。しか

## 「突くぞ」の気構えから剣先を外して打ち気にさせる（先を取ることが秘訣）

写真５―１

①中心（正中線）を攻める

②剣先を開く

③からだを捌く

④打突する（胴）

写真５―２

①中心を攻める

②剣先を立てる

③打突を抜く

④打突する（面）

し、ヒトは顔が違うように、剣道も個性があり、様々な特徴があります。相手と対峙して構え、「やり易い相手」と「難しい相手」がいます。例えば私にとって難しい相手は、「剣先が低い構え」、「剣先を中心に付け突っ張るヒト」、「身体が良く動き調子を取るヒト」、「剣先を表から裏、表から裏を繰り返すヒト」、「打ち気のないヒト」、「攻めると下がるヒト」、「攻めると防禦するヒト」、「攻めると気を外すヒト」「前にドンドン出てくるヒト」、「間合いの近いヒト」などです。

一方、やり易い相手は、「気が充実しているヒト」、「攻めの強いヒト」、「剣先がやや高い構えのヒト」、「動かないでゆったりと構えているヒト」、「剣先が動かない構えのヒト」、「打ち気なヒト」、「攻めに対して反応するヒト」などです。皆さまは、いかがでしょうか。

このように考えてみますと、私にとつて難しいヒトの方が多いのです。よってこれまでなかなか試合に勝つことができませんでした。

ところが難しい剣道を志してきたヒトは審査になると、「正しい姿勢」、「正しい構え」、「適切な間合い」、「適切な攻め」、「正確な打突」、「打ち切った打突」「残心」が求められることから矯正するのに苦労される傾向があります。何故ならば審査には、正攻法の剣道が必要だからです。したがって、年齢とともに伸びていくためには正攻法の剣道が必要条件と言えるのです。

## 長時間稽古の効用

私は、東京大学への内地留学から帰り、八段受審1ヶ月前に徹底して長時間の地稽古を試みました。長時間の稽古から「何か得られるのではないか」と考えたからです。お相手して頂いた剣士は、豊田自動車勤務の塩野谷厚剣士でした。塩野谷剣士とは、豊田市の稽古会で初めて稽古をお願いし「難しい剣道」をされる方だと思っていた事から、あえて塩野谷剣士を選んだのです。それは難しい相手、苦手な相手に対する攻略法を検証するためでした。

稽古は、本学の道場で15時30分から20時30分の約5時間、休憩すること無く延々と稽古を続けました。よく言われる立ち切り稽古です。立ち切り稽古の場合は相手を変えて行いますが、一対一で稽古を続けたのです。稽古を行っている中で、塩野谷剣士は、「もうそろそろ止めましょうか」と言われても「マダマダ」と言って約5時間の稽古を続けたのです。

長時間の稽古の結果、２人とも疲労困憊で疲れ果て、呆然とし何も分からなくなったのが現実です。最初の頃は、伸び伸びと自身の持っている技を互いに出し合っていましたが、時間が立つにつれ技が厳選されていくのです。つまり、自身の持っている技しか発現しなくなるのです。技が単調になり、それが得意技へと発展していきました。

次に足が徐々に動かなくなり、行動範囲が少なくなっていきました。発声も小さくなり、気力で立ち向かい、呼吸も激しくなり息も上がっていきました。このような状態で稽古を続けていると呼吸が乱れ、さらに動けなくなりました。「難しい剣道」をされる塩野谷剣士は、徐々に力が抜け、自然に技が発現されるようになりました。

最初の頃は、気力いっぱいで立ち向かい積極的に技を出していましたが、これは意識した状態での技であり、後半は力が抜けリラックスした技へと変っていきました。私も身体が硬いほうで決して柔らかい身体ではありません。しかし、長時間稽古を行っている中で考えた技ではなく、無意識の技が時々出るようになっ

柳生延春先生（平成７年。第18回日本古武道演武大会）

ていました。

稽古前に考えた事は、様々な技を発現してみることでした。「難しい剣道」をする相手に対して、どのような攻め方と、どのような技が有効になるのかを検証したいと考えていました。その結果、柳生新陰流で学んだ技法で、堂々と構えること、打間を創り「打ち気」にさせ活人剣を応用すること、相手の打突に対して相打ちの合撃をすること、相手が待っている場合は、先制攻撃で殺人刀を応用することなどを学ぶことができました。

このように長時間の稽古から、身体がリラックスして無駄な力が入らなくなり、動きが良くなり、自然の技が発揮できる様になりました。

例えば、昔は東西対抗などの勝ち抜き試合で10人抜き、15人抜きなどをした選手は試合を重ねるにつれて、まさに自然の技が発現されます。身体が疲れていくことで無駄な力が抜け、自然に技が発現されるのです。一方、対戦相手は連敗を止めることを考えすぎるあまり、打ち気になり打たれてしまうのです。力を抜くことがとても大切なのです。

これらの事から、年齢とともに伸びていくためには、気力は充実させ、力は抜けた状態をつくる事も肝要なのです。力を抜くためには呼吸を吐くことも重要です。

## 無声の効用

柳生新陰流では、声を出して稽古を行いません。相手と対峙したときも打ち込むときも無声です。この無声の中で気力を充実し気を高めることは極めて重要でした。柳生新陰流の稽古は、全て無声で行う事から、如何に「気」を充実するかが課題でした。

剣道は発声しなければ有効打突になりません。剣道と他のスポーツの違いはいろいろありますが、一つには「発声」と「気」を入れる事だと考えられます。

例えば切り返しをする場合、「発声」や「気」を高めないで行えば、それはただの運動に過ぎません。また、試合や稽古において発声や気合いを入れなければ、これも運動に過ぎないのです。つまり、発声と気合いが入る事により、全身の気の集中と僅かな筋の緊張により心身ともに充実し、技が自然と発現するのです。ただし、若い頃は、発声を大きくしますが、高齢になれば、無理な発声をしなくても呼吸を吐くことにより、気が集中し、気を充実させることができるようになります。加齢とともに、そのような稽古を心掛ける必要もあります。

## 柳生先生から頂いた言葉と揮毫

私が八段挑戦のために稽古に取組んでいたときアドバイスを頂いた言葉は、「身心学道」でした。これは、道元禅師が禅の境地で、「身心をあげて道を学ぶんだ」と言う教えであります。剣道も全く同じで、「全身をあげて本気でやらなければ技は自分のものにならない」、「身も心も全身全霊で打ち込めば無心の境地に達する」と言われ、「その為には正しくきちんとやり続けること」と言われたのです。また、色紙に徳山禅師の「こころに無事にして、事に無心なり」と言う揮毫を頂きました。

さらに、八段を頂いたとき、「聖胎長養」の言葉を頂きました。

柳生先生は、「これは臨済禅師の教えです。悟りを開いたものを本物にする為に、さらに旅に出て修業したのです。聖胎とは悟りであって、長い時間をかけて悟りを本当の自分のものにしてしまう。これまで修行してきたものに、さらに修行を続け長く養うこと」と説明されました。このような揮毫を頂き本物になれるよう修行しているのですが、難しいのが剣道の本筋と自問しています。これが修行だと悟っている今日この頃、柳生新陰流の「昨日の我に今日は勝つべし」の教訓を思い出しながら。

## 剣道の指導は無限

この連載を書いている中で「年を重ね、分かる事がある」「老いて、出来る事がある」と、つくづく思っています。新たな発見が日々あります。

これまでの指導を振り返ると、今が一番良い指導が出来ると自負しています。それは、様々な経験・体験、そして研究と工夫、さらに自身が実践検証する事によって指導法が分かり、それぞれの目標に沿って、何を

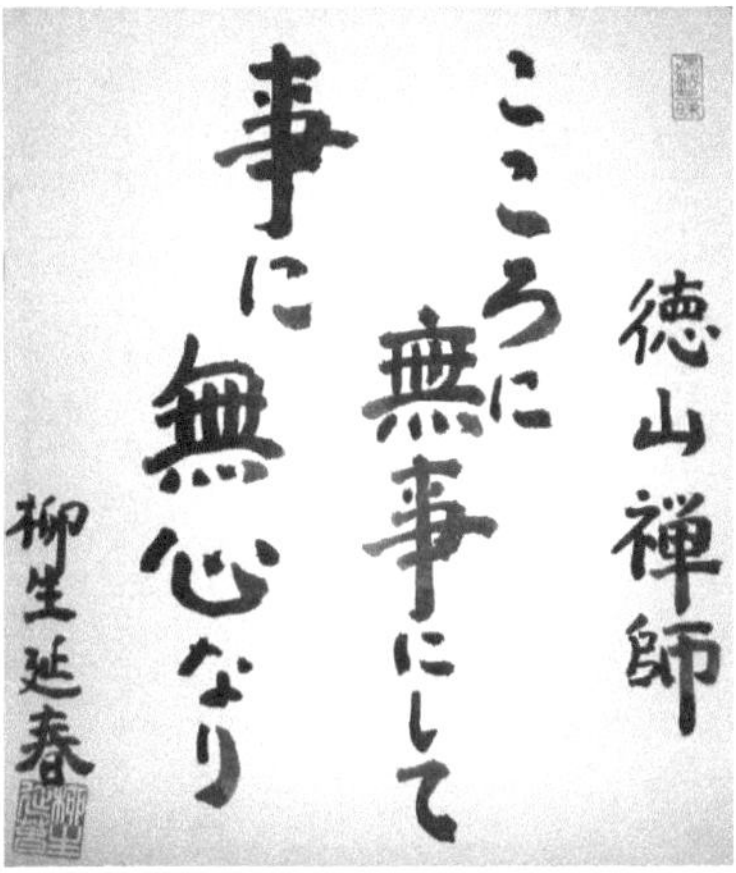

柳生先生揮毫の書

八段合格のときに頂いた「聖胎長養」の言葉

すべきかが分かるようになってきたからです。従って、今が一番良いと考えています。つまり、社会的経験を積む事により、60歳を過ぎてから本当の指導が出来るのではないでしょうか。

例えば、私が中京大学の監督を務めている頃、国士舘大学の大野操一郎先生や国際武道大学の小森園正雄先生は、自ら試合会場まで出てこられて指導されていました。また、会場の隅の方で叱咤激励をされている高齢の先生方もお見えでした。この事は、指導に自信があった事の証ではないでしょうか。また、学生に勝たせてやりたいという思いと、学校の名誉のためにという思いから指導されたのでしょう。

これまでの指導を考えてみますと20歳代から30歳代は、暗中模索・試行錯誤の指導で指導を受けた事を学生とともに修行したにすぎませんでした。40歳代は、指導者として理想的な剣道を目指した年代であり、50歳代は社会的経験を多く積んだ年代でもありました。こうした経験・体験から剣道は、60歳代からが本当の指導が出来るのでないかと思う様になったのです。

年を重ねてからの指導は、言葉で説明し理解させ自ら模範を示し指導する事が肝要です。しかし、速い動作では無く大きく正しく行うことにより自身の技の稽古になっているのです。指導法は、これで良いと言う事はない、指導は無限です。このように模範を示し指導する事が、年齢とともに伸びていく要因と言えるのです。

## まとめ

40歳代は、攻撃剣道から理合剣道を求めた年代であり、そのために柳生新陰流を学び八段審査に挑戦した時期でもありました。柳生新陰流を修練しその結果、次の事を試みたのです。

構えの中では、①堂々と構え、②間合いにおいては間づもりで相手と対峙し、③攻めにおいては先を取るために「懸待表裏一隅を守らず」の技法から活人剣と殺人刀を応用し、④打突に至っては合撃・十文字勝ち、⑤残心は身の備えと心の備えで次への技が繋がるよう修練したのです。この①から⑤の修練が私の剣道を変える契機となりました。今は亡き柳生延春先生に感謝の気持ちでいっぱいです。

# 第6章

# 身体づくりとトレーニング①

大学から帰宅すると妻が「孝ちゃんが、この本を持ってきてくれたよ」と言って渡してくれました。直ぐに目を通してみるとパナソニック会長の長榮周作氏が、雑誌のインタビューに答えられたもので、「私を磨いてきた〝剣道精神〟について」述べられたものでした。その中で、成長の本質は「守・破・離」にあり、と明言されていたことに興味をそそられたのです。その時のインタビューの一節には以下のように述べておられます。

経営者にとって「守・破・離」とは、何でしょう。「分からないことをそのままにして次に進まない、これが『守』です。基本をきちんと押さえてから応用に進む、これが『破』です。これまではいいのですが、『離』がなかなかむずかしい。私はいま、剣道七段ですが、段位の最高峰であり剣道の『離』に当たる八段はなかなか取れない。いまでも八段を持つ方と稽古すると10本に1本くらいしか取れません。めっぽう強いのです。それくらい、『離』に達するのは一筋縄ではいきません。ただ一つ、これが大事ではないかと思うのは、『自分のすべてを捨てて向かっていく』と言うことです。打ち込む前に、『面を打ったら胴を取られる』とか『小手を押さえられる』と考えてしまうと、もうダメなのです。無心で向かう。なかなかそういう境地にはなれないでしょうが、仕事にも、無心で取組むことができたとき、『離』に達するものではないでしょうか」と述べられていました。(PHP Business Review 松下幸之助2014.5-6)

この一節は、経営者として長年の剣道修練で学ばれてきたことを如何に仕事へ活かしていくべきかについて実証されていることを物語っていると思うのです。

私の学生のころは、実業団剣道が強く出稽古によく出掛けました。この頃の企業のトップリーダーは、剣道経験者が多く剣道で学んだ精神を仕事に、あるいは人生の教訓として奨励された証でしょう。

前章は、八段審査を受審する前に取組んだ柳生新陰流の「活人剣」と「殺人刀」、「懸待表裏一隅を守らず」、「十文字勝ち・合撃」、「三学圓之太刀」より、剣の理法を学び、理合剣道の「心・技」について述べました。

今章は、「心技体」の「体」について考察したいと思います。前回の柳生新陰流の神髄を剣道に活かす為には、身体が絶対条件です。そこで筆者が取り組んできた身体づくりとトレーニングの仕方についてご紹介します。

## 健康でなければ稽古はできない

日本の高度経済成長と科学技術の進歩発展に伴い、スポーツと体育の分野においても目覚ましい発展を遂げています。最近は、スポーツ科学やトレーニング科学の研究が進み、競技スポーツや健康スポーツに多大な影響を及ぼしています。その結果、記録は伸びると同時に健康にも役立つ様になりました。

例えば、公園や河川敷では早朝から夕方の間にウォーキングやジョギング・ランニングをしている多くのヒトを見かけます。また、フィットネスセンターやトレーニングジムでは機器を使ってトレーニングを行っているヒト、スイミングスクールでは子供から大人まで年齢に関係なく泳いでいるヒト、ゴルフやテニスそしてサッカーを楽しんでいるヒトなど、日本列島の様々な「場」でスポーツやトレーニングを楽しんでいるヒトを多く見かける様になりました。この事は、トレーニングの科学的研究の成果であり、健康スポーツが国民の生活を豊かにしている証です。こうした個々の健康志向は医療費の軽減に繋がり、ストレスの発散とともに豊かな心の在り方を定着させたと考えます。まさしく、こうした個々の取組みは個の身は個で守る考え方を基盤として今後の国力へと発展することは間違いないでしょう。

他方、競技スポーツは、目覚ましい発展を遂げています。オリンピックやワールドカップを頂点に勝つ事を目標にトレーニングが構築され記録が限りなく伸びています。これらはスポーツ科学やトレーニング科学の研究成果の賜物でしょう。

ヒトは、健康で文化的な日常生活を営むためには「動けるからだ」が絶対条件です。剣道愛好者も健康でなければ稽古を継続する事は困難です。剣道は高齢になっても稽古ができ伸びていく可能性があることから健康な身体づくりが必要条件となります。

以下では、筆者自身がこれまで取組んできた体験と研究を基に解説させて頂きます。

## 仕事の手伝いが貯筋に

筆者は、子供のころからスポーツが好きで様々なスポーツを体験しました。こどもの頃は田園育ちであったため、秋の農作業が終わり広々とした畑に走り高跳びや棒高跳びができるようにポールやバーを作り跳んだものです。また、丸くて重い石を川で拾い砲丸投げの練習をして楽しんでいました。冬になると早朝スキーに出かけ夕方遅くなり両親に心配をかけたことを思い起こします。

今から思えば、昔は農繁期になると学校が休みになり、子供は仕事を手伝い、自然に身体を鍛えていたのです。

例えば、稲刈りのあと稲をささに掛けて干し、乾いた稲を背中に背負い我が家まで運んだことや、脱穀をした籾を背負ったこと、精米された米1俵（60kg）を蔵まで運んだこと、さらに、秋になると家庭で必要な薪木を運ぶために「ソリ」を担ぎ山に登り、その薪木を「ソリ」に積んで山の上から走りながら運んだもの

川で拾った石で砲丸投げ

棒高跳び

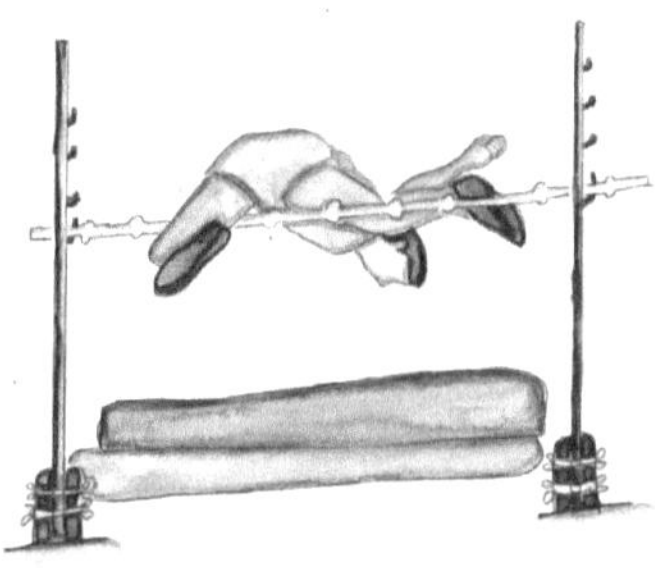

ポールやバーを創って走り高跳びを楽しむ

です。その薪木を切って斧で割り、風呂や米を炊くための燃料にしたものです。こどもの頃に生活をするためにおこなったこれらのことが自然に私の体を鍛えあげ、私の貯筋となり全身パワーの発揮に貢献してきたのです。

このように昔の農家では、様々な仕事があり、手伝いをすることにより身体づくりを自然に行っていたのです。これが無意識な身体づくり・トレーニングの始まりで、今の私の身体を支えているのでしょう。こどもの頃に身体を鍛えておけば人生80年時代の中で有用であると、つくづく思うのです。何故ならば、現在の高齢者の人たちは、子供の

稲を背負い家に運ぶ

米俵を担ぎ蔵に運ぶ

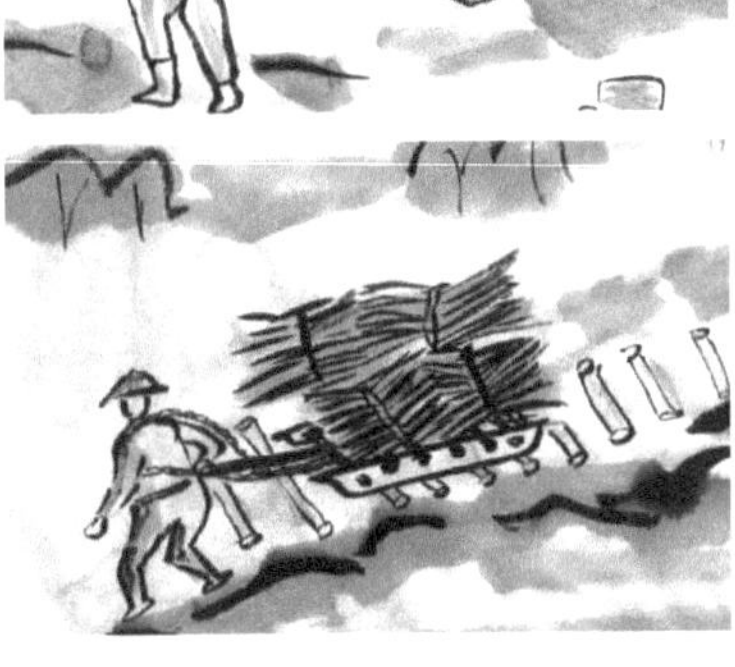

「ソリ・木馬」で薪を運ぶ

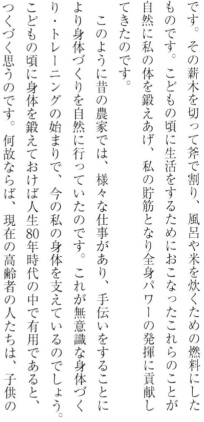

ころから仕事を手伝い丈夫な身体を自然に創っていたのです。現在のこどもたちは、文化的生活を営み仕事を手伝うことがなくなり体力や精神力が低下しているように感じます。

こうした時代であるからこそ、スポーツや剣道を通して心身ともに調和した強い剣士を育ててほしいのです。それは、心身ともに健康で生活することが国力の一助になるからです。

## 身体づくり・トレーニングの必要性

筆者の学問の師匠である福永哲夫先生は、トレーニングとは、「運動刺激に対する人体の適応性を利用し、人体の作業能力を出来るだけ発達させる過程である。（猪飼・福永）」と定義しています。そして、トレーニングの目的は、①健康・体力を維持増進させる、あるいは病気や障害からの回復を図る（健康スポーツ）、②競技として記録の向上を目指し、勝利を追求する（競技スポーツ）、③レクリエーションとして仲間とともに楽しく過ごし、気分の転換を図るとともに教養をつける（教養スポーツ）に分類されています。

剣道を考えてみますと、①競技剣道、②段位剣道、③形剣道、④健康剣道、⑤教養剣道に大別されます。それぞれ異なる目的を持ち修行しているのですが、逆にそれぞれが密接な関係を保ちながら修行していると言えるのです。

例えば、若い頃の競技剣道では、勝つために身体づくりや技術づくりが必要になり、段位剣道を目指しているヒトは、誰が見ても良いと思われるような剣道を目指し、その為の技術・トレーニングが必要になってきます。このように目的に合った技術づくりや身体づくりが必要となるわけです。そのためには身体運動に関する基礎的知識を学ぶと同時に、これまで研究されたトレーニング方法を活用するのが望ましいのです。

## 動機と興味

前述の様に、こどもの頃は農作業を手伝う中で自然に身体づくりを行っていた無意識トレーニングでした。高校からは「強くなりたい、試合に勝ちたい」ことから、自ら意識してトレーニングを始めることにしました。高校のころは寄宿舎で一人の早朝ランニングやダッシュ、昼の休み時間を使って鏡に向かっての素振り、夜の自習室では眠くなって外での素振りなどを実践したものです。なぜならば、試合に勝ちたいという思いを達成する目的があったため日々トレーニングを実践することができたのです。この様に、私の身体づくりやトレーニングへの動機は、高校生のころに芽生えました。

学生時代は体育学部を専攻したことから、スポーツに関する知識を学びながらトレーニングを実践したものです。しかし、当時は現在の様にスポーツ・トレーニング科学の研究が希薄であり模索しながら取り組んだものです。ベンチプレスで腕を鍛える事やスクワットで足腰の強化。そして腹筋・背筋の体幹をトレーニングするレベルでした。しかし、どのようにトレーニングをすれば良いのか、を試行錯誤する毎日でした。これをきっかけとして自身の体に応じたトレーニングが何かを考える力が養われたことは事実です。

## ストレッチ体操との出会い

筆者が学生のころ準備運動（ウォーミングアップ）や整理運動（クールダウン）は、「イーチ・ニー・サーン」の号令をかけた昔ながらの体操がおこなわれ、補強運動として柔軟体操をおこなうことが殆どでした。その後、今では定番となった「ストレッチ体操」が行われるようになりました。それは、本学の陸上競技の監督であった故安田矩明教授が１９８０年（昭和55年）ＮＨＫ教育テレビで「ストレッチ体操」を故小栗達也教授（豊田高専）と共に日本で始めて紹介されたものです。そして、１９８１年「ストレッチ体操―伸展運動と動きづくり―」と言う本を出版されたのです。陸上部は、「イーチ・ニー・サーン」と号令をかけて行っていました。しかし、このストレッチ体操の導入が契機となって「イーチ・ニー・サーン」の声は聞かれなくなり、グランドの至る所でストレッチ体操が実施されるようになったのです。他の運動部もストレッチ体操を取り入れ、昔ながらの準備運動や整理運動は行われなくなったのです。

私も監督の頃、興味を持ちストレッチ体操を導入したのです。自身が腰痛になり治療する中でストレッチ体操を学び、部員たちにも指導できる様になったのです。また、エアロビックス運動（有酸素運動・全身の持久力向上・脂肪を燃焼させる）も行いました。この運動は初めての試みであることから、外部講師として女性コーチを招聘し本格的なエアロビック運動を行ったのです。部員たちはリズムに乗り30分から40分、からだを動かし汗をかき楽しそうに行っていました。毎日毎日が稽古の連続であることから、気分転換を図ることも伸びていく為に必要であったと考えてのことです。

しかし、剣道界は現在も昔ながらの体操をおこなっているところが多いです。それは、全員で号令をかけ統制を取る事と気合いを入れて気を高めることも必要だからです。統制一辺倒ではなく適所でストレッチ運動を取入れる事をお勧めします。特に稽古の後のストレッチ運動が大事です。

# 剣道愛好者こそストレッチ運動を

剣道の稽古を続けていると腰が痛くなってきます。私は、一週間稽古を続けると必ず腰が痛くなります。それは剣道特有の構えの姿勢で打突動作を繰り返し行う事と相手の打突を体当たりで受けることなどが原因であると思います。剣道は、構えの中で腰を固定し安定しなければ良い打突動作ができない事から、脊髄から腰・膝・足首に負担がかかり筋肉が萎縮し痛くなるのです。もともとヒトの動きは右腕が前に出れば同時に左脚が前にというように四肢対称となります。

しかし剣道の打突動作では構えは右腕が前で同時に右足前となり不安定な姿勢（四肢非対称）を維持します。その構えから打突を繰り返していると左右対称の身体の動きではなくなります。したがって、身体を整えることや筋肉や関節を柔らかくするストレッチ運動が有用となるのです。

ストレッチ運動とは、筋や腱をジワーとゆっくり伸ばし関節の可動域を広くする方法です。ストレッチ運動の効果は、福永哲夫先生の研究によると「①筋肉や結合組織の柔軟性の改善。②筋肉の緊張緩和。③血流の改善を図る。④神経機能の向上や筋萎縮の抑制をする」と指摘しています。福永先生とゴルフをラウンドしたとき、スタートの前に入念なストレッチ運動、ラウンド中に待っているときもストレッチ運動、そしてラウンドが終わり風呂に入った時も必ずストレッチ運動を行ってみえます。ラウンド中でもストレッチ運動を行えば疲れが早く回復するのです。

私の目から見て福永先生は、一般のヒトに比べおおよそ10歳若いように感じています。それは日常生活の中で、いつでも、どこでも思いついたら簡単なトレーニングとストレッチ運動を実践されておられるからであると思います。

剣道の試合において、一回戦、二回戦、三回戦と勝ち上がっていく中で身体は肉体的・精神的にも疲労します。従って、試合と試合の間にストレッチ運動を取入れると回復が早く次の試合でも動ける身体がつくれるのです。このようなことから状況に応じてストレッチ運動をおこなうことをお勧めします。

## 腰痛治療のストレッチ運動事例

筆者は、競技剣道を行っていた頃（30歳代）、腰痛になり剣道の稽古が出来なくなりました。そこで元阪神タイガースのトレーニングコーチであった中川卓爾氏が本学の非常勤講師であり、安田先生（陸上部監督）と同級生であったことから、中川先生が勤められていた斎藤病院の機能回復訓練室を訪ね腰痛治療を次の様にして頂いたのです。
①一つには、遠赤外線サウナに入り、充分に汗を流し身体を温めました。
②二つ目には、図6―1のようにスキー靴を履き、ボタンを押すと自動的に逆さ吊りになるようになっていました。この方法は体重を利用して牽引する逆さ吊り療法で3分程度行いました（牽引療法）。呼吸は「ハァー」と長く吐くことによって全身の筋緊張をほぐす為に脱力させ全身が伸ばされるのです。この牽引療法は、股関節（骨盤）・膝関節・足関節そして脊髄が牽引され血流の流れを改善し骨盤の歪みを矯正されるものでした。

③三つ目は、図６―２の様にペアーでのストレッチ運動です。この方法は、仰向けになり膝を曲げ両手で膝を押さえ体重を徐々に加え数秒間維持し力を抜く。この方法を5回から10回繰り返す。この場合の呼吸の仕方は吐き出すことによって全身の力を抜きリラックスさせます。

④四つ目は、ストレッチベンチを使って前屈運動（足関節底屈）のストレッチ運動、このストレッチ運動は、アメリカの陸上競技選手がグランドでハードルや腰掛けなどを使用し足を伸ばしていたことから、ヒントを得てストレッチベンチを考案された様です（図６―３）。

⑤また、腰掛けイスを使用した捻れ運動をおこない腰部の筋肉と股関節の柔軟性を高めたのです（図６―４）。

このようにストレッチ運動の終わった後は、身体がリラックスでき心身ともに爽快になりました。この一連のストレッチ運動で腰痛を治したのです。

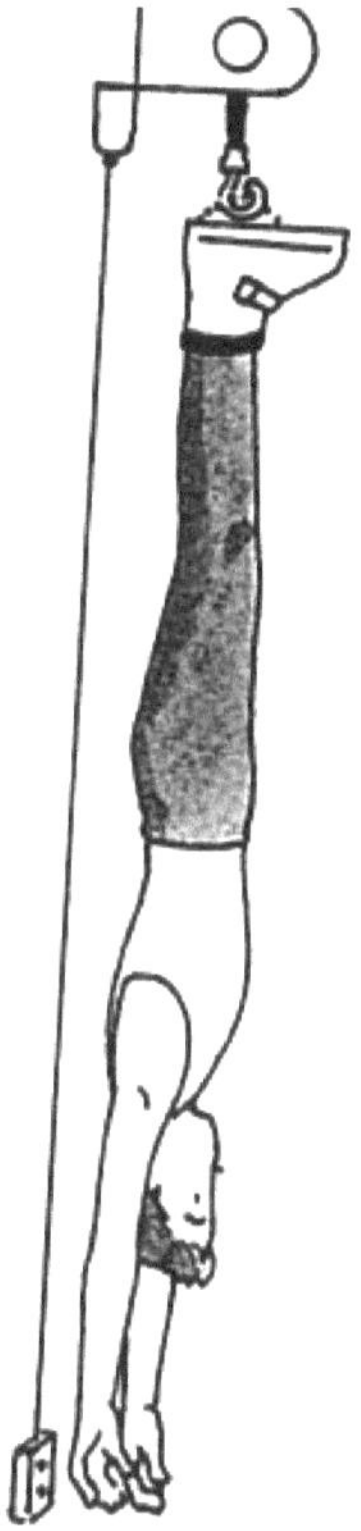

図６―１　牽引ストレッチ運動

図６―２　ペアーストレッチ運動

# 八段受審前の身体づくり・トレーニング

筆者は、京都大会で八段合格者を観察したとき、身体に勢いがあり力強さを感じた事から、再び身体づくり・トレーニングを始めたのです。

40歳代に腰痛が再発し治療に駆け込んだのが、ボストン・スポーツ代表の西村武久氏（虎風館糸東流・空

図6－3　ベンチストレッチ運動

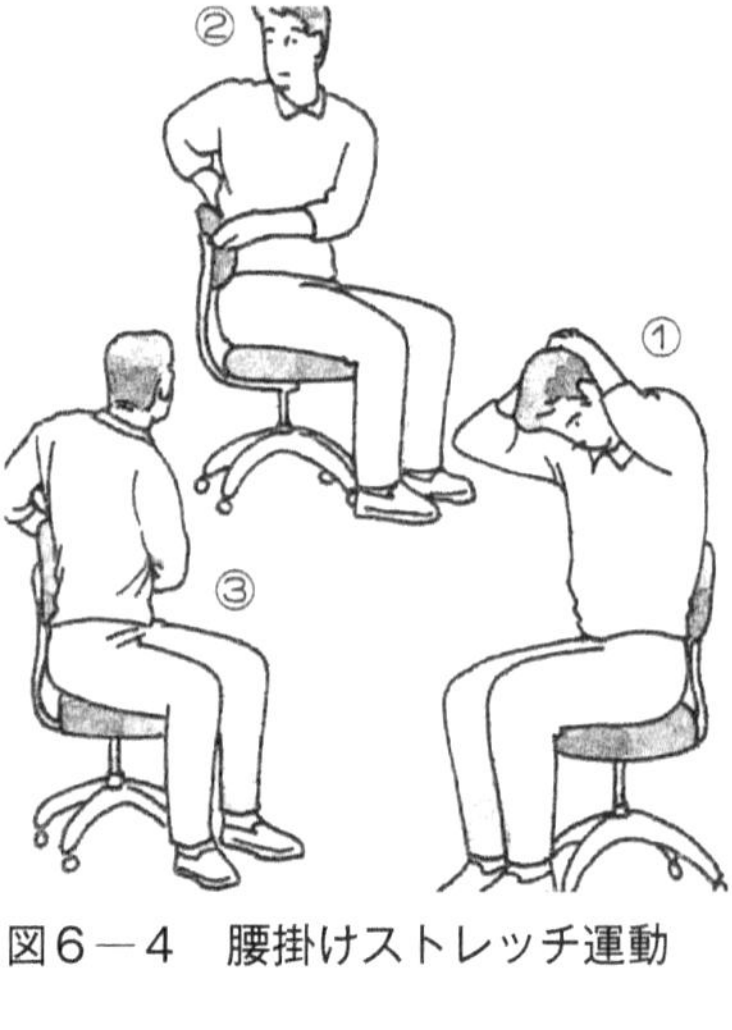

図6－4　腰掛けストレッチ運動

（図：中川先生提供）

手道宗家）でした。西村氏は空手道の師範で礼儀正しく、何事にも一生懸命に取組む人でストレッチ運動の技術も素晴らしいものがありました。

現在もケアして頂いておりますが、当時の技術より更に進化されているように感じています。この事は長年の体験からトレーニングとストレッチ運動の実践的方法のコツを構築されたからでしょう。まさに年齢とともに伸びる証でしょう。

当時、私の身体を見て、全身のストレッチ運動で身体を整え、全体を柔らかくすれば治ると言われました。そして、筋力トレーニングをしなければ再発するとも言われ、ストレッチ運動と筋力トレーニングを行ったのです。筋力トレーニングは軽い負荷をかけたウエイトトレーニングでした。以下、紙面の関係から主なストレッチ運動と主なトレーニング方法を紹介します。

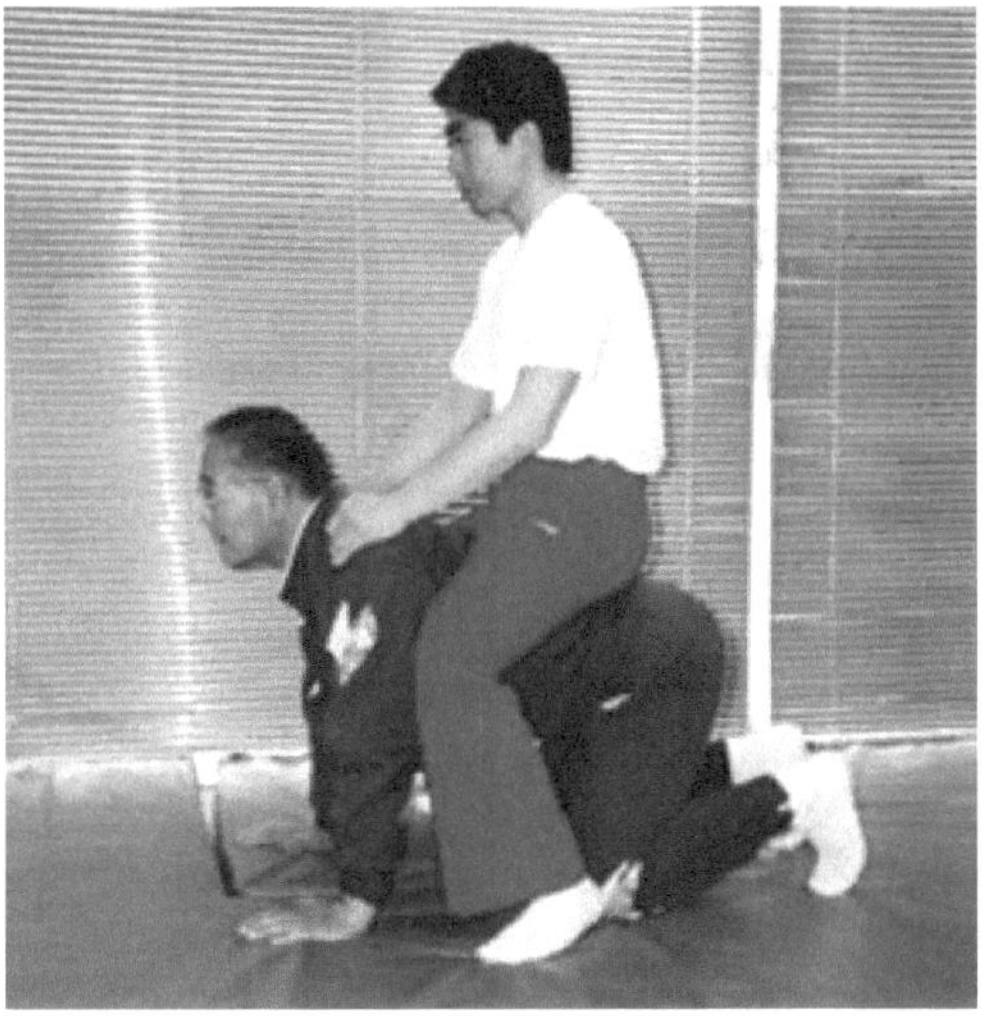

写真6―1　馬乗りになり背筋を伸ばす

## ●背筋のストレッチ運動

写真6―1のように馬乗りになり、背筋を伸ばし呼吸をハァーと長く吐き、続いて呼吸を吸いながら背中を丸めて（猫があくびをするように）腹に力を入れます。この動作を10回程度、繰り返し背筋を伸ばします。この動作を繰り返す事により背筋が伸び体幹のトレーニングにもなります。また、1人で行う場合、脊柱の筋肉を吊り橋のように伸張させ、お尻を左右に振り筋肉をリラックスさせます。この動作を最低6回行っていました。

●歩行トレーニング（ロングスタンス）

写真6―2は、ロングスタンス・歩行トレーニングです。ダンベルは体重の1／10以上を持って立ち（最初はダンベルを持たなくても良い）両脚を軽く開きます。右足を大きく一歩前に出します。そのとき右膝が90度程度になり左手を曲げます。この低い姿勢で身体を安定させます。続いて、左足を前に出し同様な動作を繰り返します。前に踏み出したときに体重が脚にかかりやすいので、身体のバランス感覚を身につける事が重要です。呼吸は足を前に出すときに吸って、足を踏み替えるときに吐く事。動作はゆっくりと正しく行うことが必要です。このロングスタンス・トレーニングは、臀部・大腿部・下腿部・足首が伸ばされます。主に腰回りと股の表側そして股の裏側（ハムストリング）さらに、ふくらはぎ（腓腹筋）・スネの筋肉が作

写真6―2　ロングスタンス・トレーニング

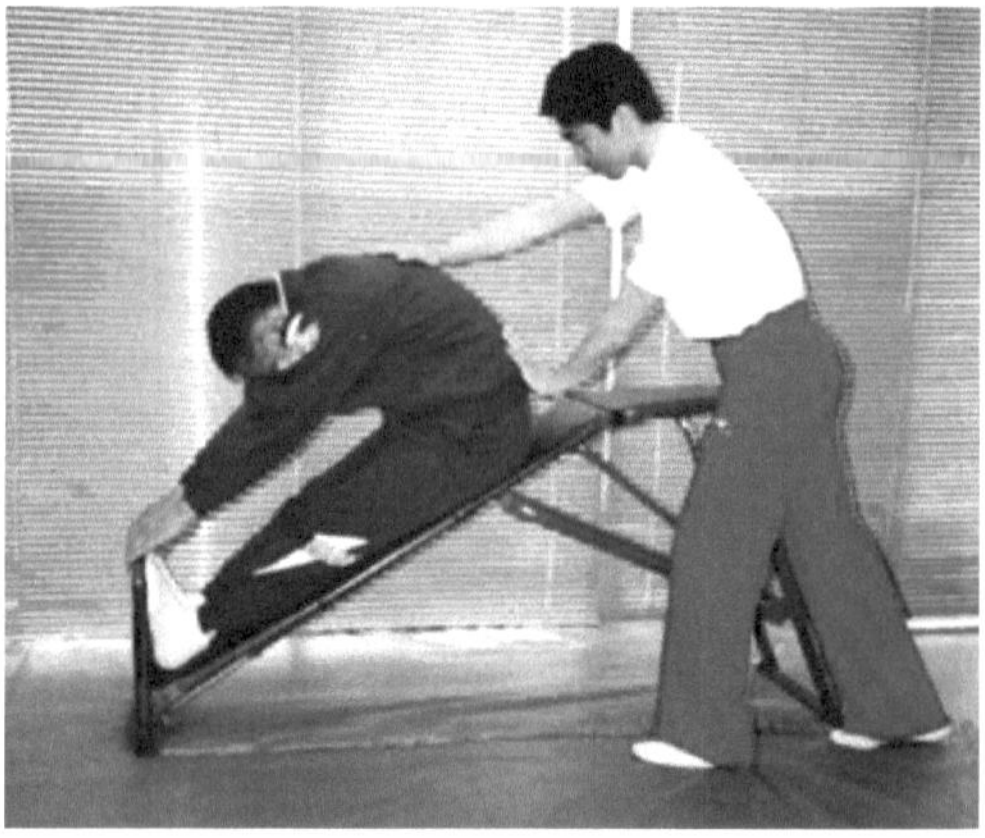

写真6―3　ベンチでのストレッチ運動（腰・足底屈・ハムストリンクス・臀部筋のストレッチ運動）

用します。このトレーニングは簡単で、いつでもどこでも出来る事から気のついたときに行うと良いでしょう。例えば、車に乗る前に10歩とか、買い物帰りや買い物を待っているときのパーキングで実施するのも良いのでしょう。

## ●ストレッチベンチを使用

写真6—3は、ストレッチベンチに座り、前方へ背中を曲げ（前屈）ゆっくりジワーと筋肉と腱を伸ばします。前屈することにより、ふくらはぎと股の裏側（ハムストリング）が伸ばされます。足首と膝そして腰の柔軟性と筋肉づくりにもなっているのです。

写真6—4は、ストレッチベンチに座り、仰向けになり腕を後方へ伸ばしジワーと筋肉や腱を伸ばします。腕を伸ばす事により手首・肘・肩甲骨と腹および胸が伸ばされます。この場合、膝の裏側に手が入らないようにします。伸ばさされる方は、少し抵抗してから力を抜くとより伸展します。特に伸ばされて痛いところに意識をもっていきリラックスすると効果的です。

写真6—5は、ストレッチベンチに座り、身体を捻りジワーと筋肉を伸ばし、左右交互に行います。腰を中心とした体幹トレーニングになり腰の柔軟性を高める事にもなります。

写真6—6は、写真6—5と同様な腰のストレッチ運動です。片膝は立てて座り、脇下に手を当て引っ張る。片方は肩に手を当てて押して上体を捻る。この運動は、ふくらはぎを伸ばすことと股関節を柔らかくすることに効果的です。

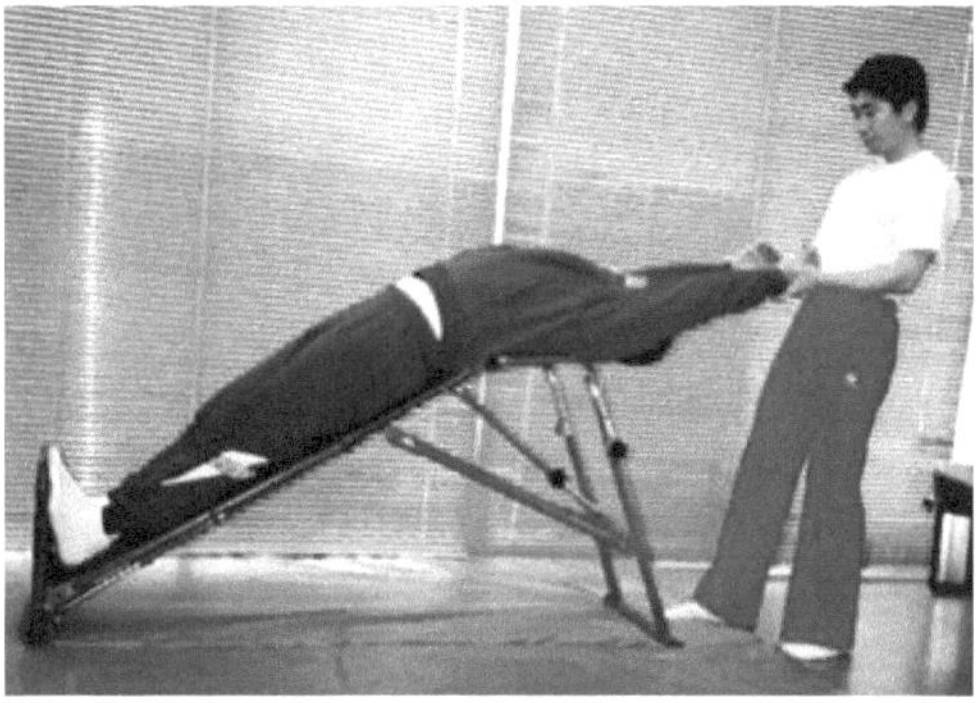

写真6—4　ベンチでの体幹と上肢のストレッチ運動（肩甲骨筋群のストレッチ運動）

## 筋力トレーニングの事例

私の腰痛は、稽古を長年行っている事から筋肉が萎縮した事が原因でした。稽古の後、整理運動・ストレッチ運動を怠った結果によって発症したようです。そこで萎縮した筋肉を柔らかくするストレッチ運動と筋力トレーニングを行いました。ここでは主な筋力トレーニングを紹介します。

筋力トレーニングは、上肢筋力（腕・肩）と下肢筋力（足・腰）そして体幹（腹筋・背筋）の基本的なトレーニングを行いました。トレーニングは、ウエイトトレーニングを行い軽い負荷をかけ徐々に重くし10回から15回できる重さとしました。自分は筋力があると過信し、思い負荷を掛けてしまうと傷害を引き起こす

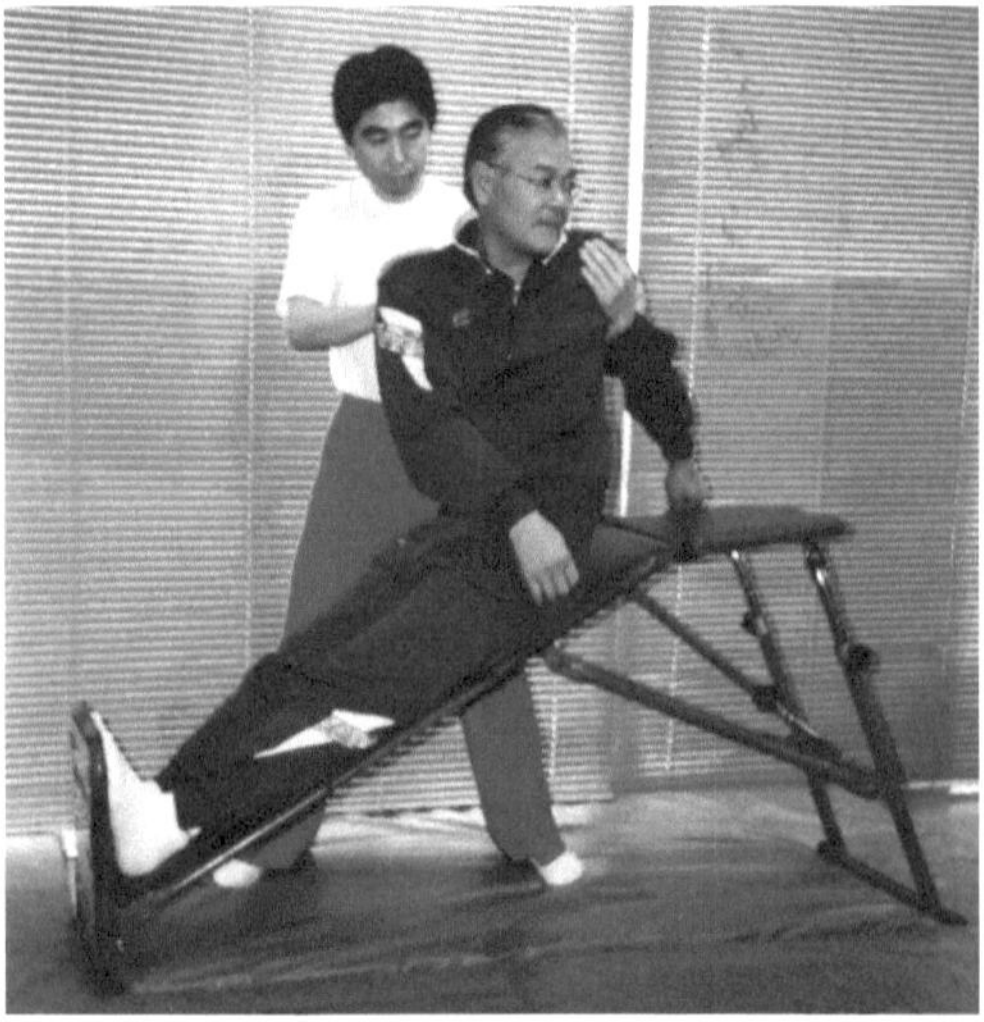

写真６―５　腰の捻れストレッチ運動

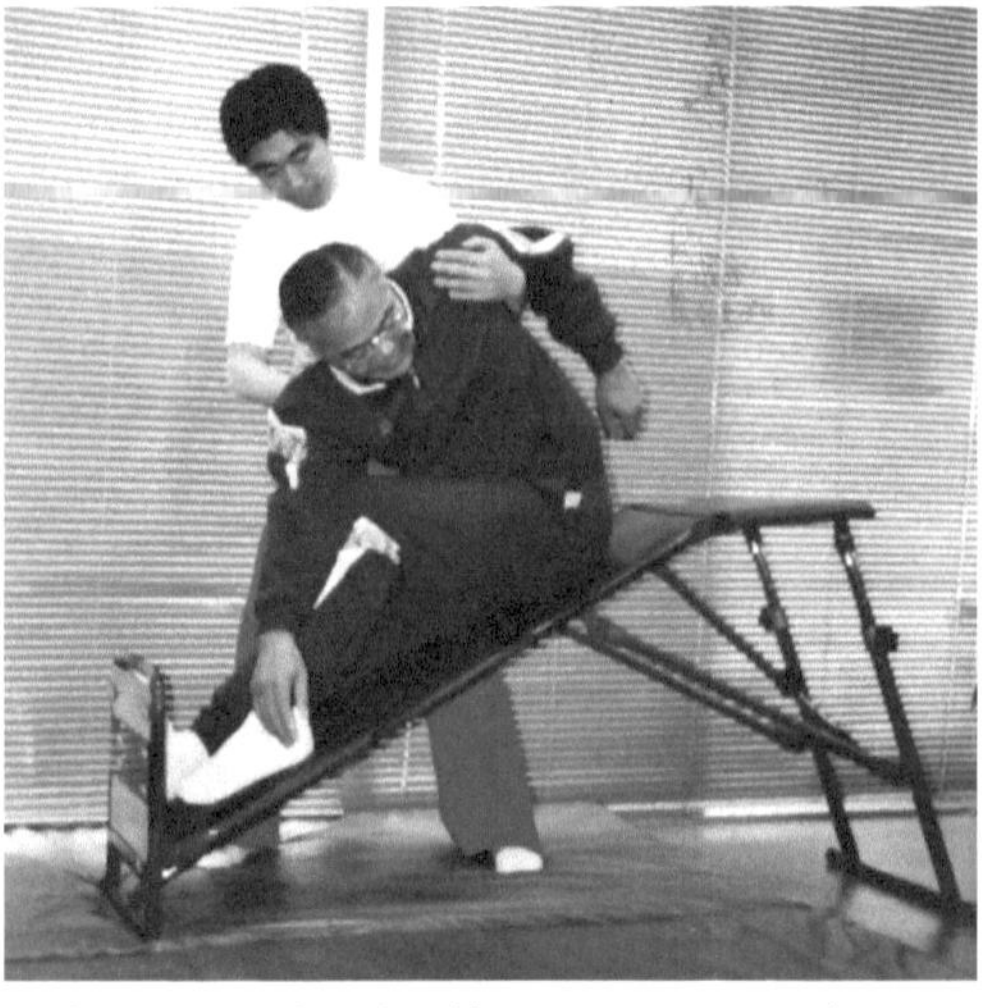

写真６―６　片足立て捻れストレッチ運動

ことになりかねません。従って、最初は軽い負荷で行う事が必要です。

●ベンチプレス（上肢の筋力トレーニング）

写真6—7は、上肢の筋力トレーニングです。ベンチに仰向けになり、軽いバーベルを持ち屈曲・伸展を10回から15回繰り返します（最初のころはバーのみ）。主に上腕二頭筋（肘を曲げる筋肉）と上腕三頭筋（肘を伸ばす筋肉）が鍛えられます。つまり腕全体がトレーニングされます。

●スクワット（下肢の筋力トレーニング）

写真6—8は、一般にスクワットと呼ばれるトレーニングです。いわゆる下肢の筋力トレーニングです。足幅は肩よりやや広く、バーは肩幅より広く握り肩のうえに上げてから、膝の曲げ伸ばし（屈曲・伸展動

写真6—7　ベンチプレス（上肢の筋力トレーニング）

写真6—8　スクワット（下肢の筋力トレーニング）

作）を10回から15回行います。この場合あまり重い負荷をかけない事とゆっくり行う必要があります。脚筋力の強化になり瞬発力のないヒトにお勧めです。

写真6―9　レックプレス（脚伸展筋力のトレーニング）

**●レックプレス（脚伸展トレーニング）**

写真6―9は、下肢の屈曲・伸展筋力のトレーニングです。マシーンに乗り、背中をしっかりと固定します。両足は肩幅より少し開く。写真6―9のように膝を曲げた状態から、膝を伸ばすときに息を吐き、曲げるときに息を吸う事を心掛けるようにします。負荷は、一般的に体重の2倍が効果的と言われますが、軽く上がる重さから始めると良いでしょう。このトレーニングは大腿四頭筋（股の上側）と大腿二頭筋（股の裏側）そして大殿筋（腰回り）の筋肉がトレーニングされます。腰痛があってスクワットの出来ないヒトは、このレックプレスが効果的です。

今、パソコンに向かってキーボードを打っていますと腰が痛くなります。そこで座ったまま上体を左右に廻し後ろを向いて各側交互に10秒間伸ばします。次に両腕をうえに上げ後ろに反りながら10秒間伸ばしします。そして前屈をして10秒間数えます。この様に、老いてからでも、いつでも、どこでも日常生活の中でストレッチ運動を心掛けることが元気の秘訣なのです。

# 第7章

# 身体づくりとトレーニング②

身体づくり・トレーニングについて書いているさなか、生後8ヶ月の赤ちゃん、心雪ちゃんがお母さんと共に我が家へ遊びにきました。心雪ちゃんを観察していると実に学習能力の高さにびっくりさせられました。我が家の居間は20センチ程の段差があり、そこを登ったり降りたりを数分の後に自由にできるようになっていくのです。また、机に向かってハイハイをし、頭を打ち泣くのかなと思ったところ自身で打ったことから泣かないのです。そして机に手を持っていき立ち上がり意気揚々と満足そうにしているのです。

立ち上がった姿から膝を曲げ床に手をつき再びハイハイをして遊ぶのです。此の様な光景からこどもの成長の早さと学習能力（トレーニング）の高さに驚愕したのです。

## 東京大学で福永哲夫教授に学ぶ

筆者は、48歳のとき東大の福永哲夫教授の元へ内地留学をさせて頂きました。目的は、スポーツ・トレーニング科学の研究のためと八段受審を半年後にひかえ、東京の高段者の先生方や警視庁および各大学で稽古をお願いする事でした。

福永研究室（福永グループ）では、日本体育協会・オリンピック委員会の依頼で当時のオリンピック選手や将来の日本を背負うジュニア選手たちの体力測定がなされていました。測定は、形態・体脂肪・筋厚および筋力・パワー・スピード・持久力等の体力測定でした。測定結果をコンピューターで分析することで新しい発見があり実に楽しい時間でした。

夕方には、福永先生とトレーニングを約1時間から1時間30分程度行いました。この様に研究とトレーニングを行っていたのですが、なぜか目前に迫った八段受審のための出稽古に行く気にはなりませんでした。自身のからだの中で長年にわたり稽古を継続してきたので「稽古は休めば良い」と言っているような感覚でした。つまり、半年間稽古らしい稽古を行わなかったのです。当時は現在のようにコンピューターが使えるヒトが少なく、東大でのコンピューターを使用しての測定と分析は、新しい発見があり楽しかったからです。

筆者が内地留学時代の東大生のトレーニング風景

そこで測定と研究の後、福永先生と共に行ったトレーニングを紹介します。

## グラウンドでのトレーニング

①最初はグラウンドで400メートルトラックを1周から2周軽くジョギング。この場合ステップをしたり腕を左右に振ったりしてリラックスした状態で行いました。

②次に、10メートルから20メートルのダッシュを行い、その後ジョギングを20メートル走りました。この方法で400メートルを1周から2周行いました。

③続いて、ジョギング・股上げ・ジョギング・ハムストリングス（前傾姿勢で踵をお尻に付ける様に走る）を交互に行いました。ジョギングを20メートル、続いて股上げを10メートルから15メートルほど行い、続いてジョギングを20メートル、

そしてハムストリングスを10メートルから15メートル行います。この方法でグラウンドを1周から2周しました。

④次に、鉄棒にぶら下がり肩関節と背筋を伸ばしたストレッチ運動を行い、懸垂をしました。さらにハードルに足を上げて下肢のストレッチ運動を行いました。このストレッチを行ったことで、トレーニングを始める以前は懸垂が出来なかったのですが、鉄棒に毎回ぶら下がっていたことで出来るようになりました。筋肉が伸ばされる伸張性トレーニングの結果によるものと考えています。

⑤続いて、腕立て伏せと腹筋・背筋を行った後、トラックをジョギングと全力疾走を交えながら1周しました。私は4歳年上の福永先生に勝てませんでした。トレーニングを続けなければ駄目だとつくづく思いました。

このように、約45分グラウンドでトレーニングを行いました。休むことなく常にからだを動かす習慣をもつことで呼吸循環機能を高める持久力（有酸素運動）のトレーニングにもなっていたのです。トレーニングをするときは体調を考え、回数を調整しましたが、とにかく続けました。継続は宝です。

## 室内でのトレーニング

グラウンドでのトレーニングの後、トレーニング体育館で次のようなトレーニングを行いました。

①ベンチプレスで上肢の筋力トレーニング、最初は約10キログラムの負荷をかけ、10回を5セット行いました。最初から無理をしないで徐々に負荷をかけます。

②スクワットでの下肢の筋力トレーニング負荷は、最初10キログラムで行い、その後15キログラム、20キログラムと少しずつ上げていきました。回数は10回を5セットです。

③次に腹筋と背筋のトレーニングを様々な器具を使って行いました。
④上記の上肢・下肢・体幹のトレーニングを基本とし、そのほか様々な器具を使用してトレーニングを継続しました。
以上のように基本的なトレーニングを行った結果、はじめのころは筋肉痛になり、痛みを感じましたが、毎日続けていたことで痛みがなくなりました。また、１ヶ月間トレーニングを続けると筋肉に艶が出てきました。さらに３ヶ月間続けると身体に張りが出てきて、身体全体が軽く感じるようになりました。ちなみにお相撲さんは調子の良い時は「肌に艶がある」と言われます。

私は48歳でしたが、トレーニングを続ければ、筋肉は再生することを、自分自身の身体で知りました。

東大のトレーニング器具は、最新式のトレーニング機器ではなく、東京オリンピック当時の古い器具であったことは驚かされました。古い器具を使い一生懸命にトレーニングをしている学生たちは、先輩たちから卒業後、「体力がなければ仕事ができない、身体が大切だ」との助言や体育授業を通して学んだ体力の必要性を実感し、自ら取り組んでいることを、福永先生からお聞きしました。

福永先生の身体運動学の講義を拝聴した時、いつも教室が一杯であることからも、学生たちのトレーニングに対する認識の高さが伝わってきました。

## 筆者の48歳時の筋力

東大教養学部福永研究室で研究とトレーニングを実践している中で自身の体力を知るために測定をして頂

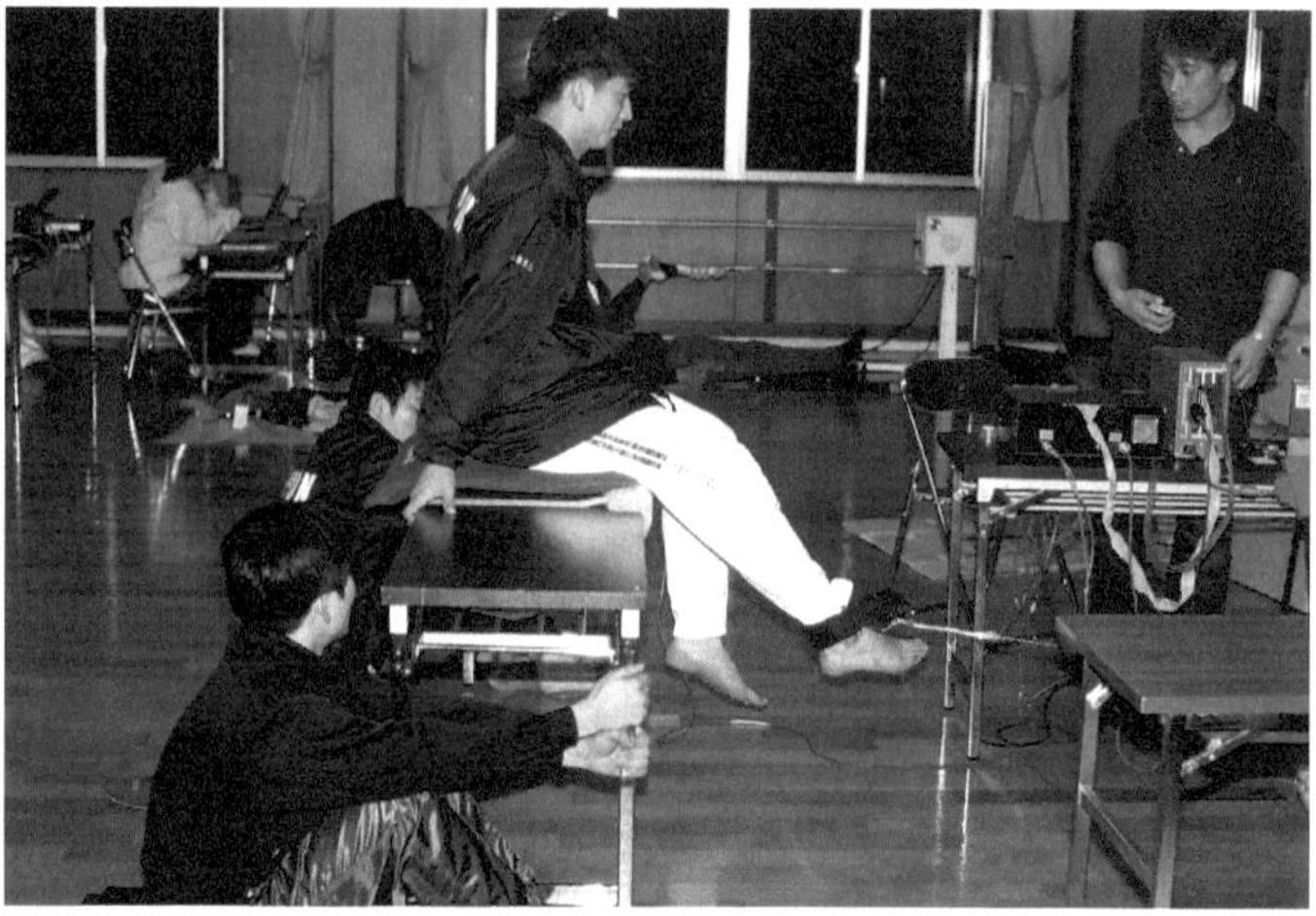

全剣連の強化訓練で測定をする

きました。測定は、5月八段審査を受ける前の2月26日で、当時の身長は171センチ、体重が78・5キログラムでした。

剣道は上肢筋力（腕の力）よりも下肢筋力（腰より下の筋力）が重要とされていることから、最大脚筋力および等速性脚筋力を測定しました（等速性とは、一定の角速度で発揮される筋力）。これらの測定結果を、ご紹介します。ここでは、学術的論文発表でないことから、簡単に説明したいと思います。

### ●下肢の最大筋力

表7—1と図7—1に筆者の最大膝伸展・屈曲筋力を示します。最大膝伸展筋力は（膝を伸ばす力）、右足が255Nm、左足が210Nmで右足が45Nm大きい値を示していました。

一方、膝の最大屈曲筋力は（膝を曲げる力）、左足が134Nm、右足が128Nmで左足が6Nmやや大きい値を示しました。

この事から、膝を伸ばす最大の筋発揮能力は、右膝が左膝より強く、膝を曲げる力は、左膝が若干強いことが分かりました。

次に筋力の発揮は、体重が左右する事から、体重当たりでみますと右膝伸展が3・23Nm／kgで左膝が2・68Nm／kg、左膝屈曲が1・71Nm／kgで右膝屈曲が1・63Nm／kgでした。

つまり、足を伸ばす力は右足が強く、曲げる力は左足が強かったのです。また、伸展と屈曲の比率をみますと、右足は50・2％、左足が63・8％でした。

剣道の打突動作は、右足を前方に上げて跳び込むことと、前方への跳び込みは、左足の床反力と打突後の左足を素早く引きつけて打突する事から、右足の伸展筋力と左足の屈曲筋力が発達したものと考えられます。この事から、打突動作で形成されている筋力をよりトレーニングするのではなく、基本的なバランスのとれた筋肉づくりが必要なのです。つまり、剣道で創られる筋肉以外の基礎体力トレーニングが必要となるのです。

**●等速性脚筋力**

**（角速度を一定にした力発揮）**

運動を長時間、続けていると身体が疲れ動かなくなります。例えば、地稽古を始めたころは、動きが良いのですが時間が経つにつれ足が動かなくなります。また、掛かり稽古の場合も最初のころは気合も入り動きが良いものの、長く続けていると呼吸が乱れ、足が動かなくなります。試合においても最初のころは動きが良くても時間が長くなると動きが悪くなります。つまりスタミナ切れで持久力がないことが原因です。剣道の打突は瞬時に決するが、試合で勝ち上がっていくためには持久力つまりスタミナが必要なのです。また、地稽古において

脚最大筋力

| | 膝伸展 | 膝屈曲 |
|---|---|---|
| 右（Nm） | 255.0 | 128.0 |
| 左（Nm） | 210.0 | 134.0 |
| 右（Nm/kg） | 3.25 | 1.63 |
| 左（Nm/kg） | 2.68 | 1.71 |
| 屈曲/伸展比率　右 | 50.2% | |
| 屈曲/伸展比率　左 | 63.8% | |

表７－１　膝伸展・膝屈曲の最大筋力

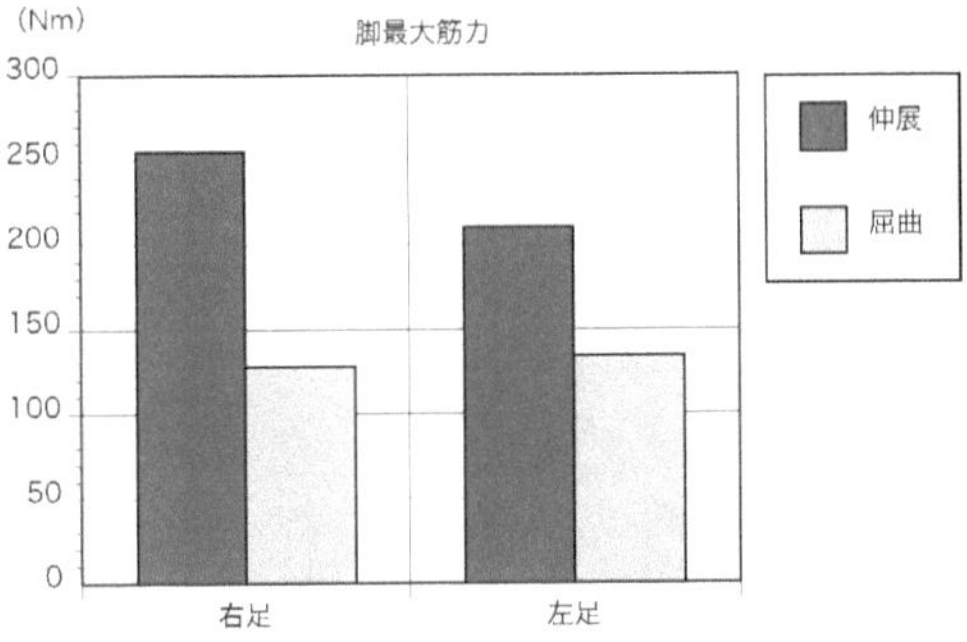


図７－１　膝の最大筋力

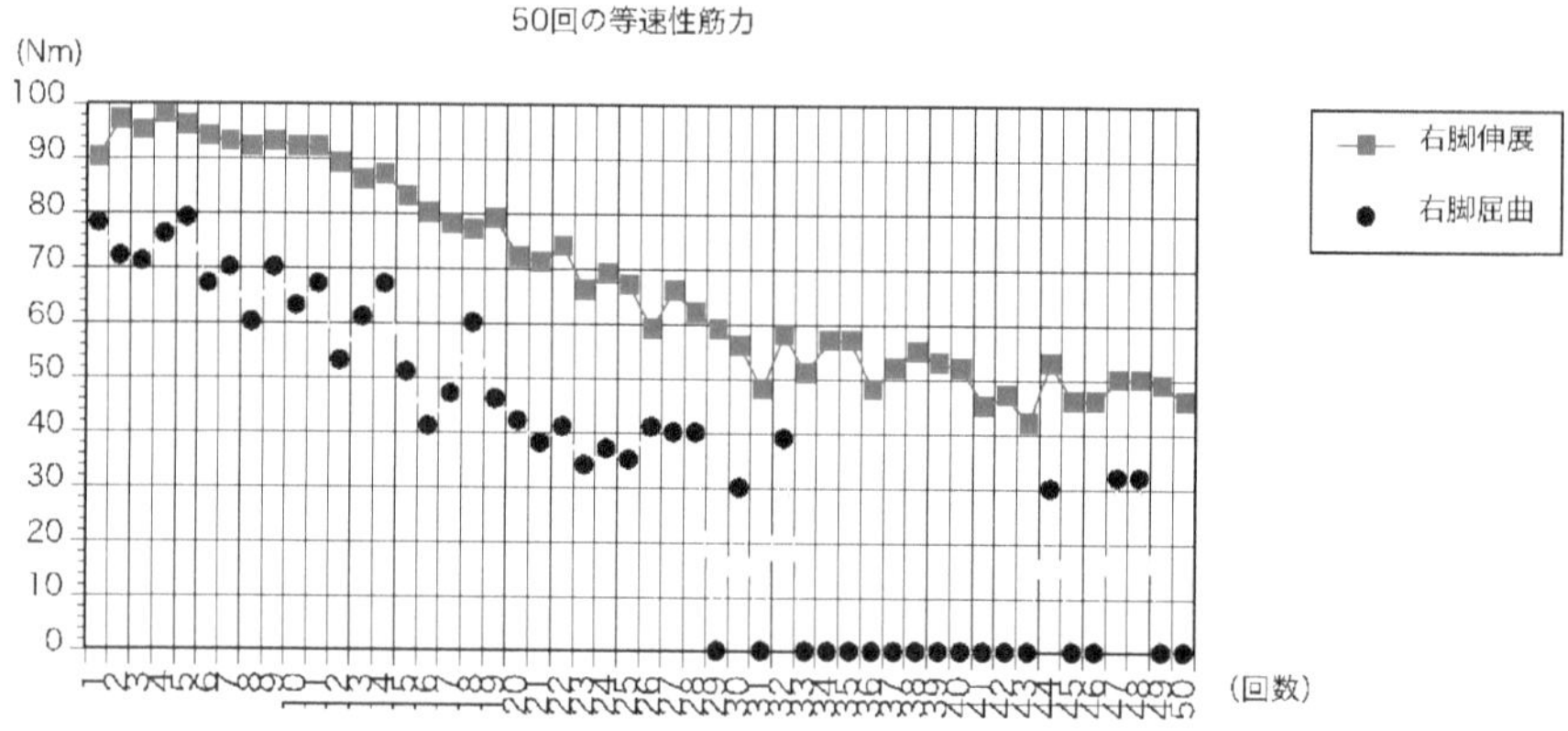


図7－2　50回連続の等速性最大筋力（右足）

最後まで立ち切れる持久力も必要になります。
そこで下肢の筋持久力の測定をしたところ、次のような結果が示されました。

①右足の等速性筋力

等速性脚筋力を連続して50回行ったときの右脚伸展・屈曲時の筋力は、図7－2に示す通りです。縦軸は力発揮で横軸が回数です。1回から50回までの連続した筋力発揮をみますと、右膝伸展は（伸ばす力）、1回から10回の力発揮は、90から100Nmで、その後、徐々に低下の傾向を示し50回では50Nmの低下がみられます。

一方、右膝屈曲は（曲げる力）、1回から10回の力発揮は60～80Nmの力を発揮し、20回から28回では僅かに下がったり上がったりの傾向を示し、29回以降は力が発揮できなくなる傾向がみられたものの50回直前に力を発揮していました。つまり、右足伸展筋力は徐々に低下の傾向が見られますが、屈曲筋力は30回後、力が発揮できなくなり最後の踏ん張りで50回転前に僅かな力を発揮していたのです。

②左足の等速性筋力

図7－3に示すように、左足伸展筋力は、最初のころ約90Nmの力を発揮しその後徐々に低下し、最後の50回には50％低下しました。

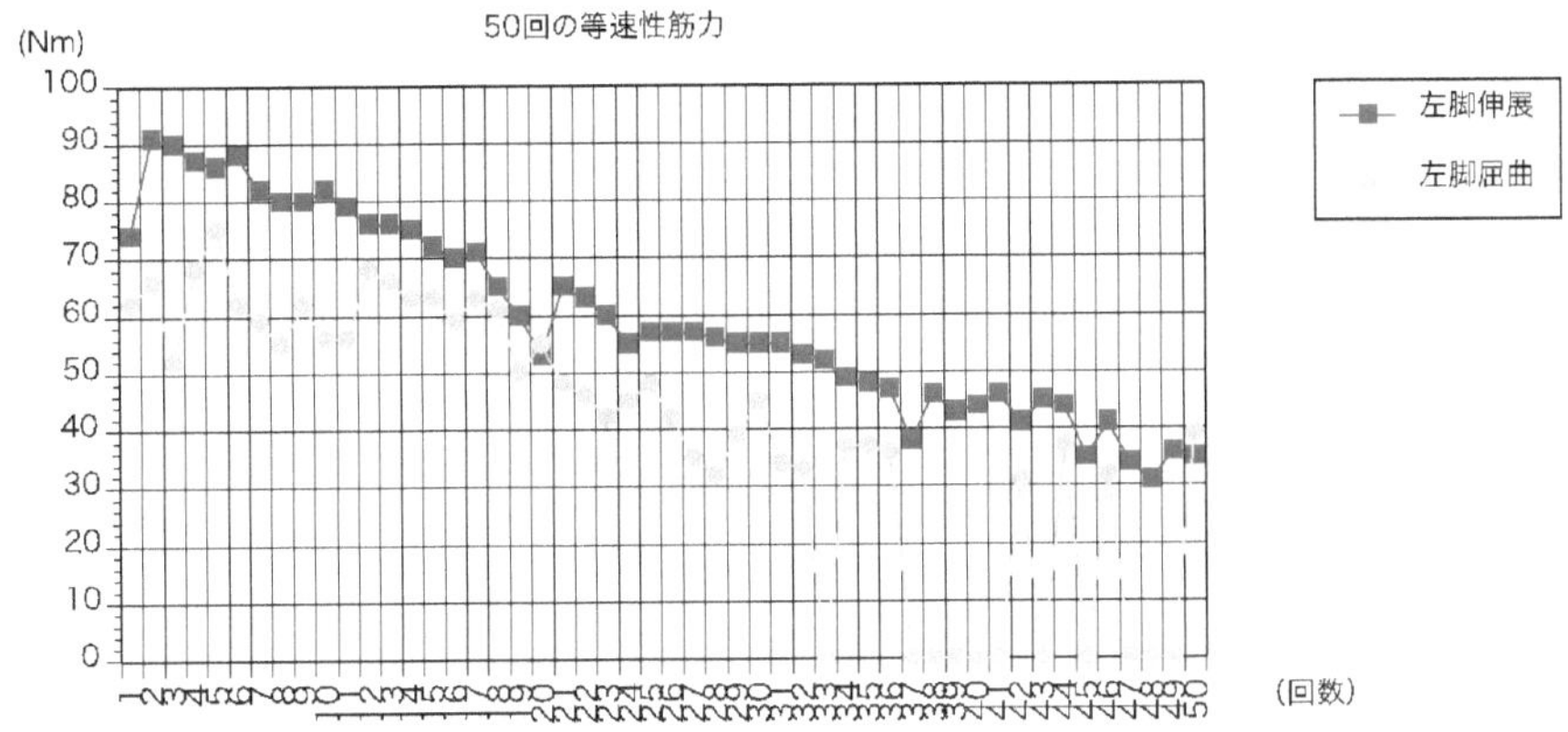


図７－３　50回連続の等速性最大筋力（左足）

屈曲筋力は１回から10回で約60Nmの力を発揮し徐々に力が低下し、37回ころから力が発揮できない傾向が見られました。

以上の事から、左右の伸展筋力は回数とともに徐々に低下し、50回では約50％の低下となっていました。屈曲筋力は、伸展筋力と同様に低下する傾向がみられますが、30回ころから力発揮ができなくなる傾向が見られました。

表７－２・図７－４は２~10回の値を基準（100％）として、その後10回毎の低下率を示しています。

2-10 回値に対する 10 回毎の低下率

| 回数 | 右脚伸展 | 右脚屈曲 | 左脚伸展 | 左脚屈曲 |
|---|---|---|---|---|
| 11～20 | 12.9 | 23.3 | 18.1 | 2.1 |
| 21～30 | 31.3 | 51.8 | 31.9 | 31.6 |
| 31～40 | 43.8 | 94.4 | 44.2 | 71.3 |
| 41～50 | 49.8 | 86.5 | 54.4 | 77.5 |

表７－２　膝の屈曲・伸展筋力の２～10回値に対する10回毎の低下率

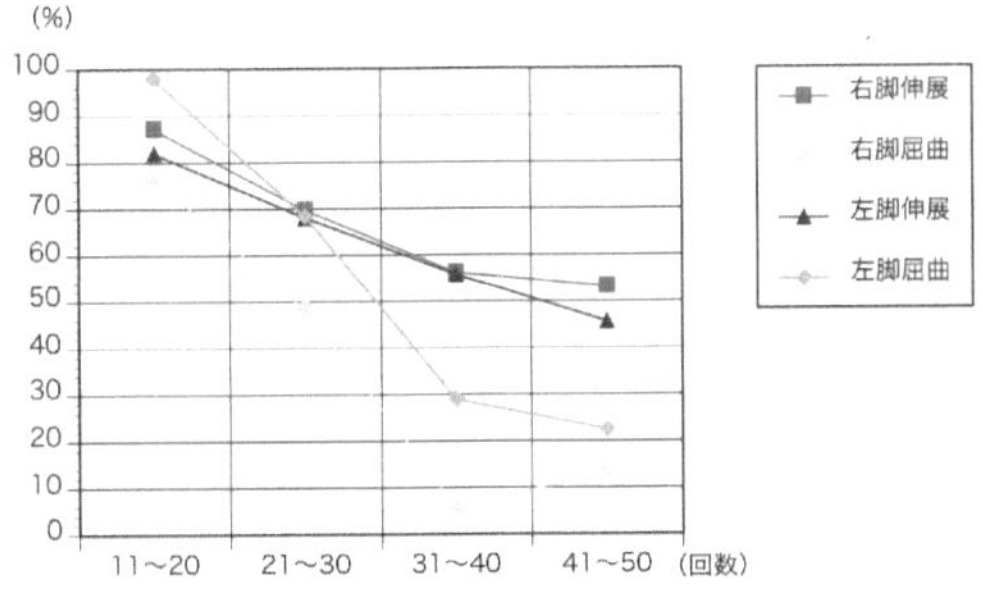


図７－４　10回までを100とした場合の低下率

右膝伸展は50回転で49・8％低下し、屈曲は86・5％の低下を示しました。同様に、左膝伸展は、54・4％の低下率で屈曲が77・5％でした。

これらの事から、左右の膝伸展筋力は約50％と低下し、屈曲筋力は約80％低下することが分かります。つまり屈曲筋力の低下が著しいことが明らかになったのです。

筆者のこれらのデータは、左・右脚ともに伸展時の低下率に対して屈曲時の低下率の著しいことが分かります。これは、下肢大腿部を構成する筋の大きさにもとづいていると考えられます。

大腿部の表側は4つの筋肉で構成されています（大腿四頭筋）。これに対して裏側は2つの筋肉で構成されています（大腿二頭筋）。当然のことですが、筋肉の大きさは力・パワーの発揮の大小を決定します。上述の伸展時、屈曲時の結果は筋肉の大きさによる違いとして納得できるものです。

これらのことから、剣道の筋力トレーニングとして必要なことは、下肢を構成する筋の大きさの差を克服することは不可能ですので、小さい筋をより発達させることによって筋持久力の向上につなげていくことが大切だと考えています。

今回は、留学時の身体づくりトレーニングと私自身の体力測定について述べさせて頂きました。剣道愛好者の皆さんも年齢とともに活き活き生活するためにもフィットネスでの体力検証をお薦めいたします。

今回紹介させていただきました筋力トレーニング方法を自分なりにアレンジして頂き、試合、昇段など個々の目的達成に役立てて頂ければ幸いです。

# 第8章 身体づくりとトレーニング③

最近のスポーツ界は、若い力が躍動し日本人の心を豊かにしてくれています。野球、水泳、体操、相撲、ゴルフ、テニス、スケートなど、若いトップアスリートの活躍は目を見張るものがあります。競技スポーツとしての戦いの場は、命懸けで鍛錬・トレーニングした結果、「心・技・体」が洗練され芸術的な描写を醸し出してくれることから、ヒトの心を打ち感動させてくれるのです。

これらの事は、スポーツ科学・トレーニング科学の研究者と現場指導者の融合が醸成した結果だと思います。

前章は、身体づくり・トレーニングの必要性についてストレッチ運動そして筋力トレーニングの事例をもとに述べてきました。そして総括として「筋力トレーニングの必要性は、小さい筋群をより発達させることによって筋持久力の向上を目指すことが求められる」ことを述べさせて頂きました。

そこで今章は、筆者がふくらはぎの肉離れ（筋断裂）を起こしたときの事例を採り上げます。治療後のリハビリテーションの方法と小さい筋肉をトレーニングする方法を紹介するとともに、二人で行うペアーストレッチについても紹介させて頂きます。

# ふくらはぎの筋断裂（肉離れ）

筆者が52歳のとき、山梨県小瀬スポーツ公園武道館落成記念全日本剣道八段選抜優勝大会に出場させて頂きました。出場の依頼を受けてから、良い試合をしなければと思い、身体のトレーニングと稽古を積み重ねた結果、体調が良く、今までにないほど心・技・体が充実し、良い状態で出場させて頂きました。

試合の当日、早朝トレーニングを終え宿舎に帰りますと、私の専属トレーナの佐藤さん（ボストン・スポーツ）が玄関にいたのです。「私の試合を見に来た」との事でした。そこで早速く部屋に戻りストレッチ運動をして頂いたのです。するとスッキリした気分になり筋肉にも艶があるように感じました。試合会場に到着し準備運動を行い、剣道具を付けて切り返し・打ち込み・稽古を行い万全の状態で試合に臨みました。

一回戦が始まり、私の相手は神奈川県警の篠塚剣士でありました。主審の「始め」で気合いを入れて対峙しました。すると間合いにおける攻め合いが、いつもと違い、からだがよく動き勝手に前に出て行くのです。

写真8－1　山梨県武道館落成記念大会の入場行進

自身では、「まだまだ」と我慢するように言い聞かせるのですが、自身の意識とは違い身体が勝手に前に出て行くのです。つまり、心気力一致しないのです。5分間、何とか我慢できました。しかし延長戦に入り、思わず面に打って出た瞬間、右足一本で立ったままでした。打った瞬間「バシッ」と言う音が聞こえたように思えたのです。案の定、左足ふくらはぎの筋断裂を起こしていました。

早速く病院に駆けつけたところ医師は、「普通は腱が切れますが、あなたの腱は太くて強いため、筋の断裂になった」と説明され、そして「筋断裂は時間がかかりますよ」とも言われました。治療法は次のとおりです。

①ここでの治療は、アイシング（冷却）とし、帰ってから痛いところを時々アイシングする。
②伸び縮みする包帯（弾性包帯）で圧迫・固定する。

③帰りは、筋断裂部分を心臓より高くする。
④痛みがなくなれば、弾性包帯を付けたまま運動を開始する。
⑤その後、包帯を除去しリハビリテーションとストレッチ運動を行う。
⑥ストレッチ運動後、歩行訓練そして軽いランニングから初める。以上の①から⑥について懇切丁寧に説明して頂きました。

我が家に帰る時は、佐藤さんの車に乗せて頂き、医師の言われたように足を心臓より少し高くして帰りました。車の中で感じた事は、学生の試合において調子が悪い時ほど苦戦をしながら勝ち上がっていくこと。一方、調子が良い時は打ち気が強くなり、身体が出ていとも簡単に負けてしまうこと。また、新入生が入学後、よくアキレス腱を切ることが多くあることなどを思い出しました。

山梨県剣道連盟からＶＴＲを送って頂き、私の試合を見たところ、筋断裂を起こす前の動作は、打つ前に一旦後ろに下がり、その場から跳び込んでいたのです。つまり、左足に瞬間的大きな負荷がかかり面に跳んでいるのです。この場合、下がってから、前に攻めて打てば左足に負荷がかからなくなり筋断裂にはならなかったと思われます。このように身体の調子が良くなければ試合中にその状態に対して対応することを考えますが、良いときは考える暇も無く身体の制御ができなくなることを自身で体験した事例です。もちろん、これは失敗例です。

加齢とともに筋断裂など怪我のリスクが高まりますので、私が実際に取り組んだリハビリテーショントレーニングを紹介します。「負荷を掛けないトレーニング」、「器具を使用したトレーニング」、「チューブを用いたトレーニング」、「ボールを用いたトレーニング」です。これらのトレーニングを行うことで小さな筋肉を発達させることをめざしました。

# 筋断裂部分のリハビリテーション

筋断裂後、痛みがある程度無くなってから、ボストン・スポーツで次の様なリハビリテーショントレーニングを行いました。

①左の筋断裂部分の確認と両足の比較検証を行う。（写真8—2、8—3）

②足関節の底屈と背屈、足首の曲げ伸ばしをゆっくりと行う。（写真8—4、8—5、8—6）

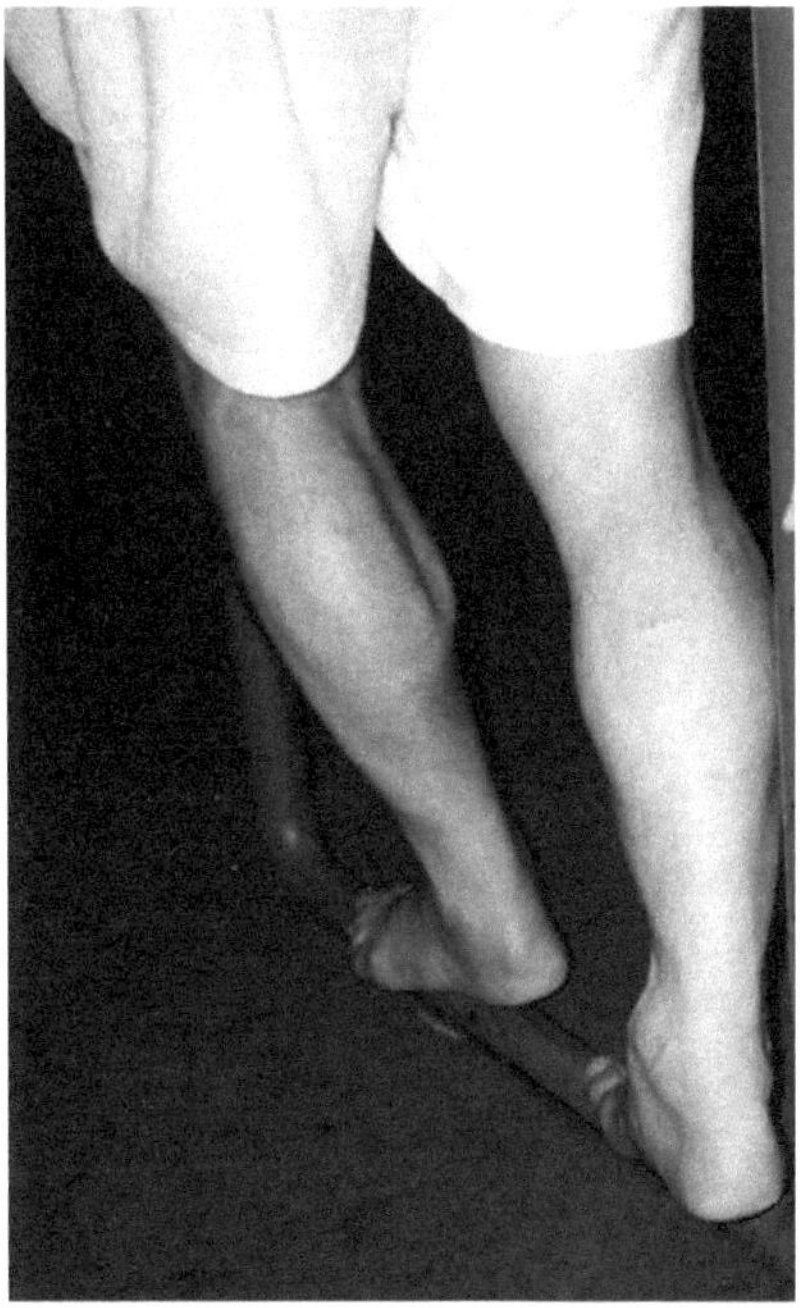

写真8—2　左足筋断裂の部分

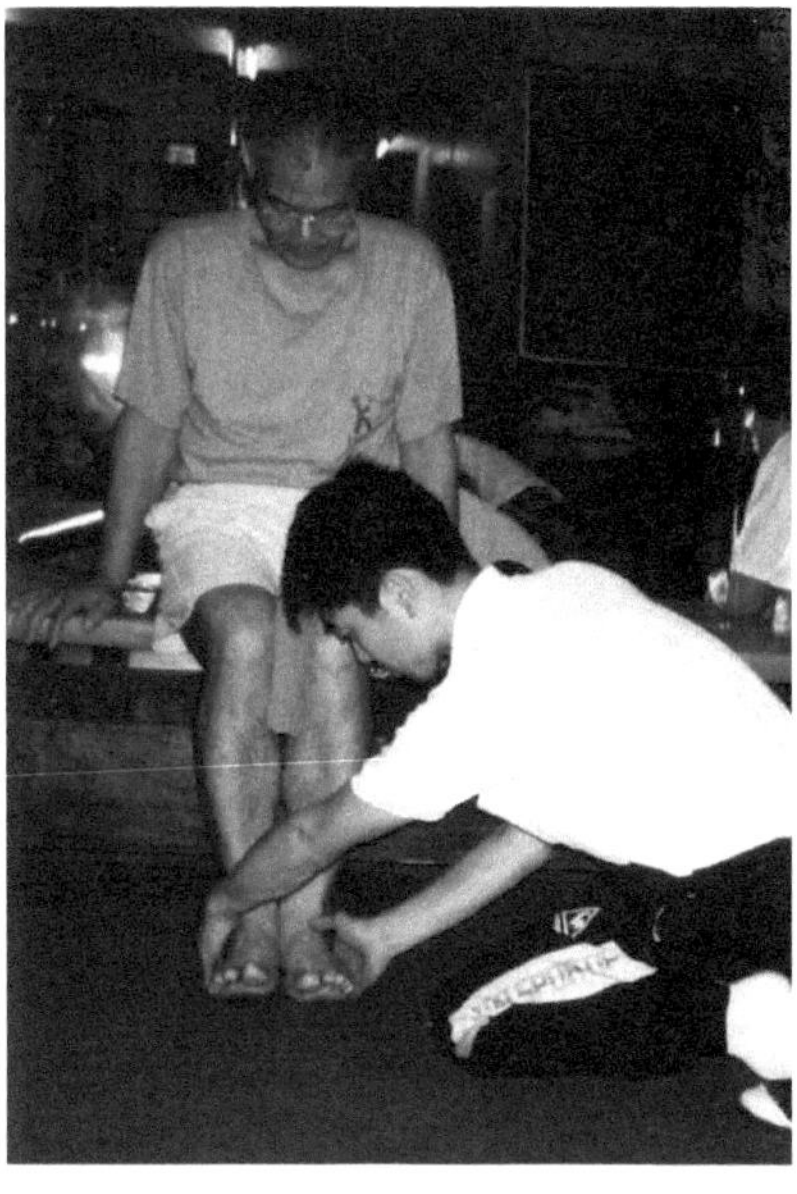

写真8—3　両足の比較検証

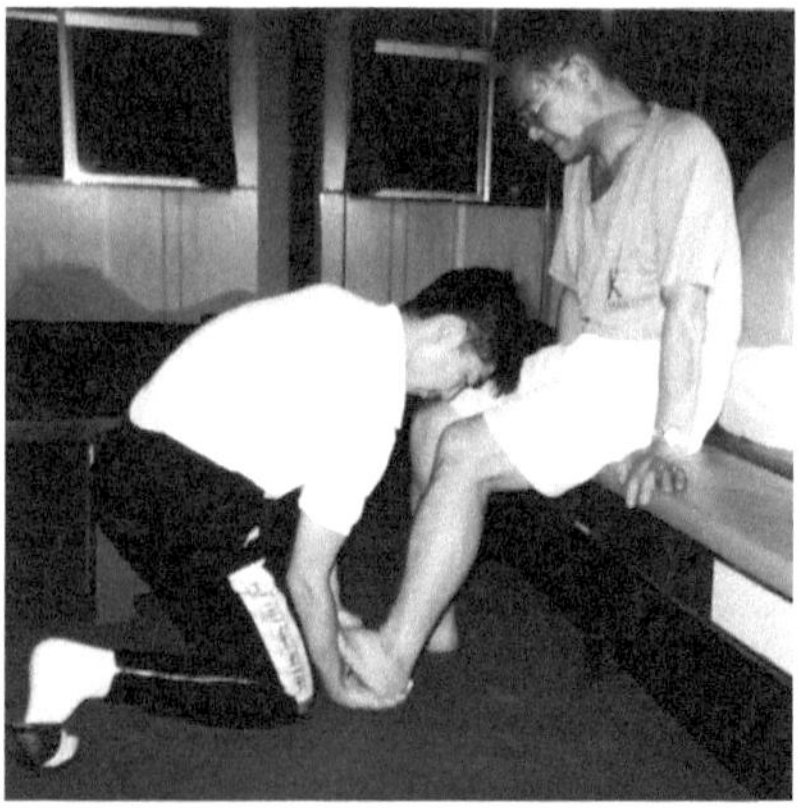

写真8—4　足関節の検証

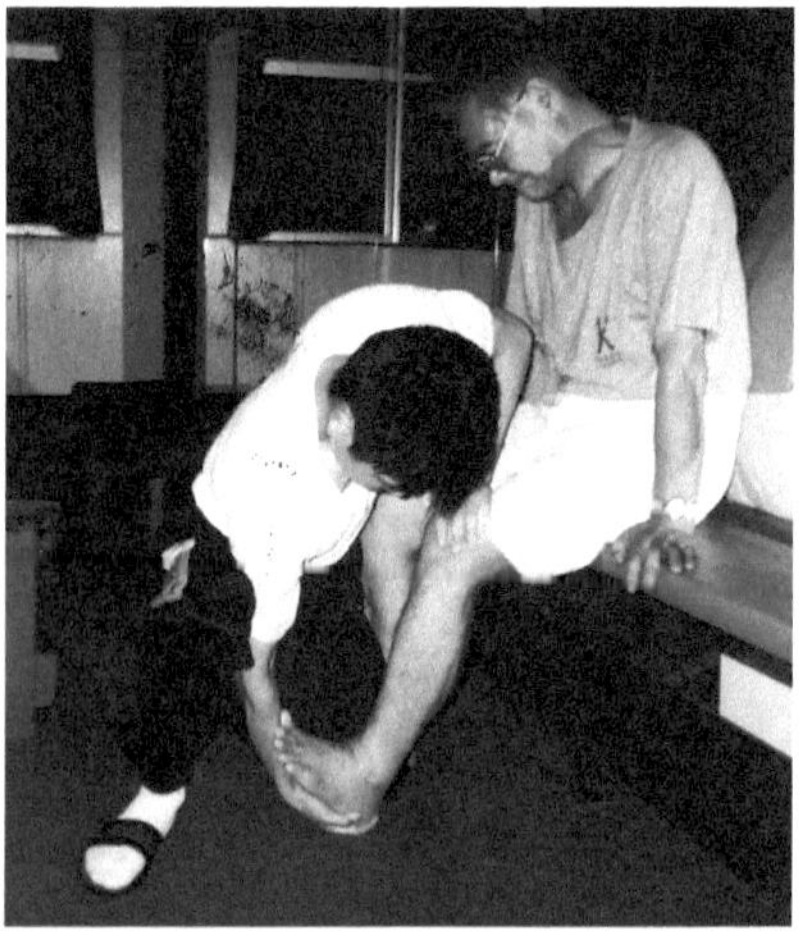

写真8—5　足関節のストレッチ

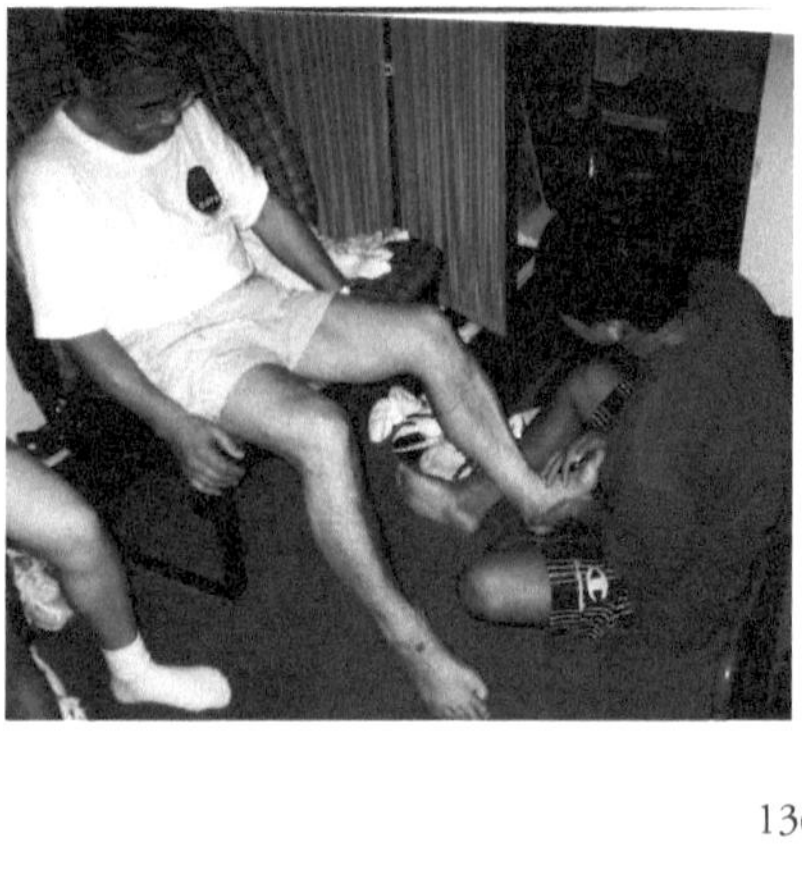

写真8—6　足首のマッサージ

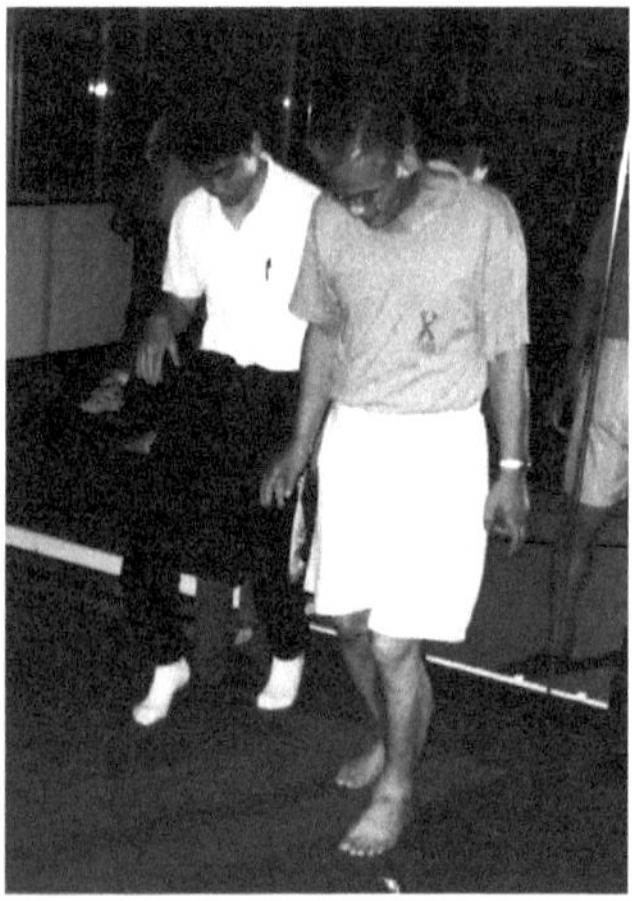

写真8—7　歩行トレーニング

③補助を受け歩行トレーニングを行う。(写真8—7)。

④ストレッチ用の固定台に立ち、つま先で踵の上下運動を行う。(写真8—8)

⑤固定台に立ち、体重計に片足を乗せ、踵の上下運動をおこなう。(写真8—9)

このようにして、足関節の底屈や背屈運動および体重を利用し、ふくらはぎ(腓腹筋・ヒラメ筋)とスネのトレーニングを行い回復させたのです。つまり、小さい筋肉をトレーニングしたのです。

# 筋断裂後、痛みがなくなってからのトレーニング

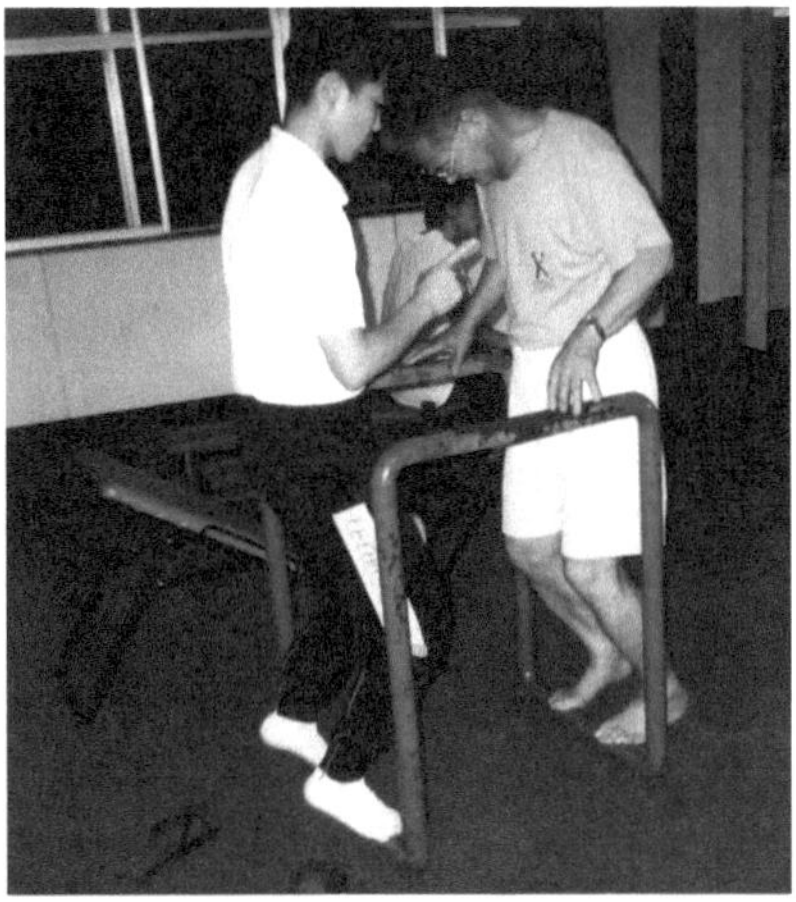
写真8―8　両足踵の上下運動

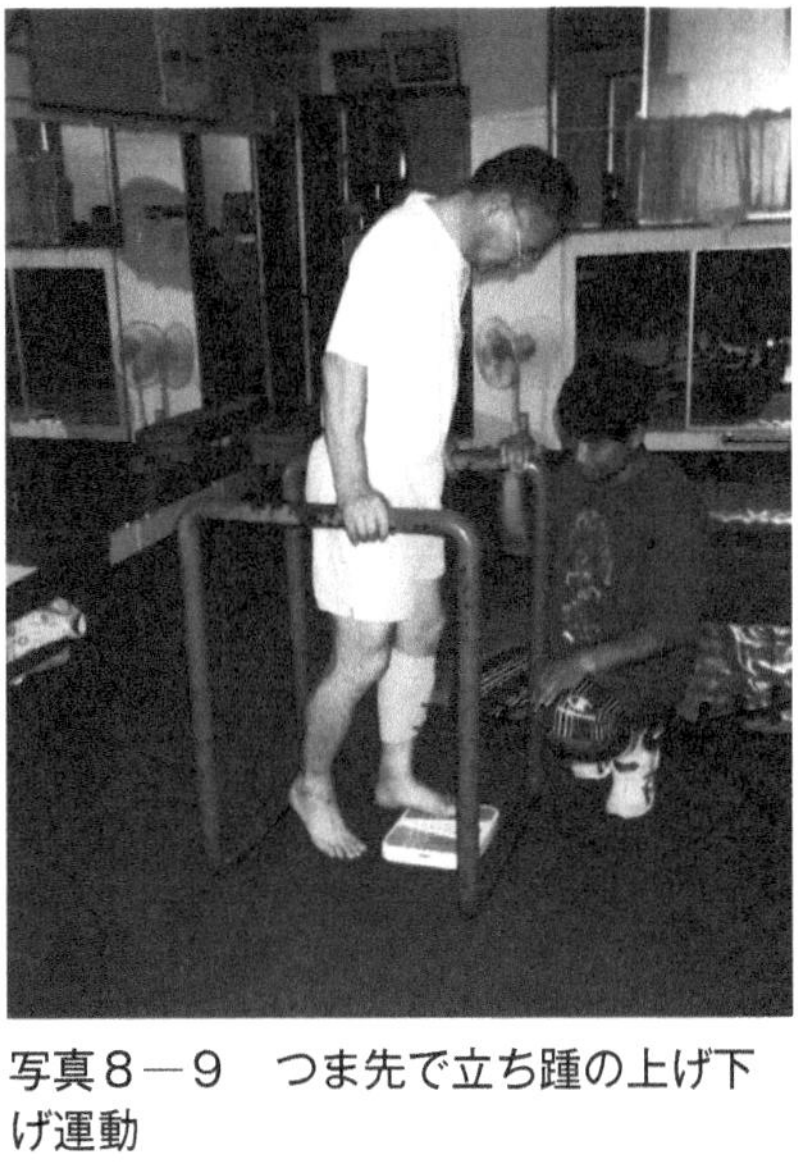
写真8―9　つま先で立ち踵の上げ下げ運動

●指のトレーニング

写真8―10をご覧下さい。腰掛けに座り、タオルを縦長に広げます。そして指先をタオルの上におき踵を固定し指先を曲げて自分の方に引っ張る（たぐり寄せる）トレーニングです。これは足の指が鍛えられます。これが小さな筋のトレーニングです。つまり負荷をかけない方法で小さい細かな筋肉が創られるのです。

●下腿のトレーニング

写真8―11は、下腿のトレーニングです。写真のように足に板を固定し踵を床板に付け、板の先端を上げ

左右に板先を移動する。この足関節用の板は、先端部分に重りを乗せることができ、負荷を変えることができます。これらの動作を6回から10回行い左右足を変えて行います。

### ●バランス板を使用したトレーニング

このトレーニングは、バランスつまり平衡感覚のトレーニングです。足幅は肩幅より少し広くし、重心を真ん中にして重心の移動で下肢の筋肉をトレーニングするのです。（写真8―12）バランス板を使用したト

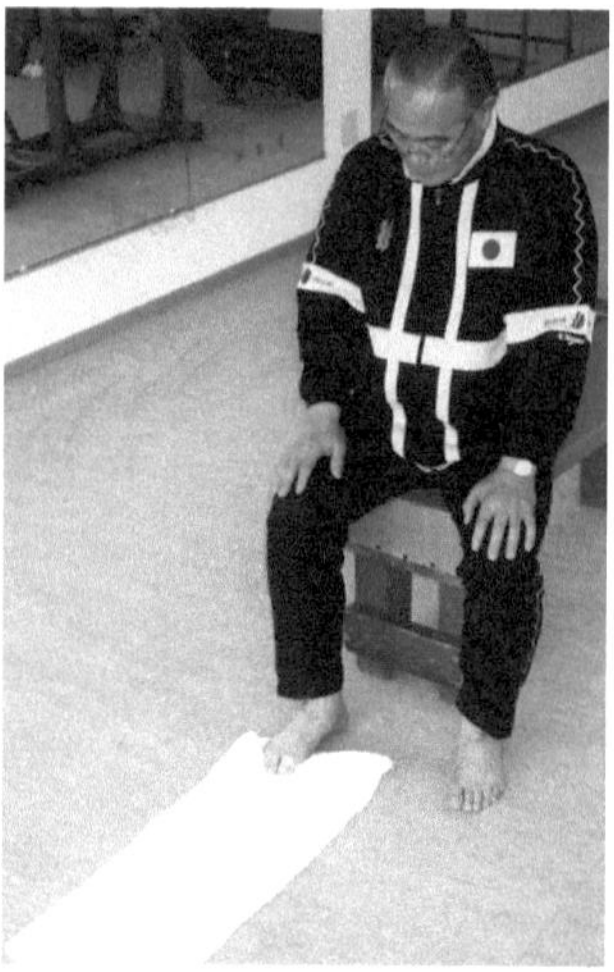

写真8―10　指のトレーニング

写真8―11　足首のトレーニング

写真8―12　左右バランスのトレーニング

レーニングは、回数など決めないで遊び感覚で楽しく行うことが大切です。何故ならば難しいからです。

**●前後のバランス・トレーニング**

写真８―13のように、足幅は歩幅より少し開き、右足に体重をかけ、その後徐々に左足に体重をゆっくりと移動してバランスを保つようにします。続いてその逆を行います。

**●丸太のバランス・トレーニング**

写真８―14は、丸太の上に乗って歩行する丸太歩行トレーニングです。前後左右のバランスを取りながら前進します。写真８―15は、土踏まずで丸太に乗る、前後のバランス・トレーニングです。

以上のトレーニングは筋断裂の後、痛みが無くなったときに行ったトレーニングです。負荷を掛けない指先のトレーニングや軽い負荷を掛けた足首のトレーニングと平衡感覚を養いながら体重を利用したトレーニングとなります。このようにして小さな筋肉を鍛え、徐々に筋肉の回復を行いました。

写真８―13　前後のバランス・トレーニング

写真８—14　左右バランストレーニング

写真８—15　前後バランストレーニング

## チューブを用いたトレーニング

チューブ・トレーニングは、もともとリハビリテーションのために医療の分野で行われるようになったとされています。チューブによるトレーニングの特徴は、負荷の強さと方向を自由にコントロールできる事です。負荷の「強さ」は、チューブの弾性力、つまり反発を負荷としたトレーニングです。様々な種類のチューブがあり筋力アップから障害予防そしてケガのリハビリテーションに活用されています。そこで、筋断裂のときに行った主なチューブトレーニングをご紹介します。

## ●下肢のトレーニング

下肢の伸展トレーニングは、写真８―16のようにチューブを足首に固定し、右足を前方へ引っ張ります（写真８―17）。この場合、最初はゆっくりとジワーと引っ張り右足を伸展させます。姿勢は左足を軸にして腰を入れて伸ばし、伸ばしたときに瞬時で止めるのがコツです。６回から10回行い、次に左足を行います。これらの動作を６回以上行います。あせらず、じっくり取り組むのが良いでしょう。

写真８―16

写真８―17　下肢の伸展トレーニング

下肢の屈曲トレーニングは、写真8―18の姿勢から、右足を後方へ引っ張ります（写真8―19）。この場合、両手で固定台を握り、左足を軸にして右足を後方へ伸ばし屈曲させます。伸展時と同様に6回から10回行い足を変えます。

下肢の外転トレーニングは、写真8―20のように固定台を握り、両足を前後させて姿勢を安定させます。左足を軸にして右足を右側に伸ばします。下肢の伸展・屈曲と同様に6回から10回行います。次に右足を軸にして同様の動作を行います。下肢の内転トレーニングは、右足を軸にして左足を内側に引っ張ります。外転トレーニングと同じ回数を行います。

写真8―18

写真8―19　下肢の屈曲トレーニング

写真８—20

写真８—21　下肢の外転トレーニング

これらの方法は、股関節の柔軟性を高めると同時に小さな筋肉がトレーニングされるのです。

## ●上肢のトレーニング

続いて上肢のチューブ・トレーニングを紹介します。下肢のトレーニングを行っている中で剣道は竹刀を振る事から、上肢のチューブ・トレーニングも行ってみました。写真８—22のように、両腕を頭上に上げて肩を中心に前方方向へゆっくりと伸ばしてから（写真８—23）、力を抜き元の状態に戻します。この動作を６回から10回行います。この場合、腰・肩に意識して呼吸を吐きゆっくり行うのがコツです。

写真８—24、８—25は、片手を伸ばすトレーニングです。右手を頭上に上げ、ゆっくりと前方へ腕を伸ば

します。両腕の時と同様に力を抜き元の位置に戻ります。これを6回から10回行います。次に左手を行います。この場合は、片手である事から無理をしないで肩・肘・手首の順にゆっくり行う事が肝要です。

写真８—22

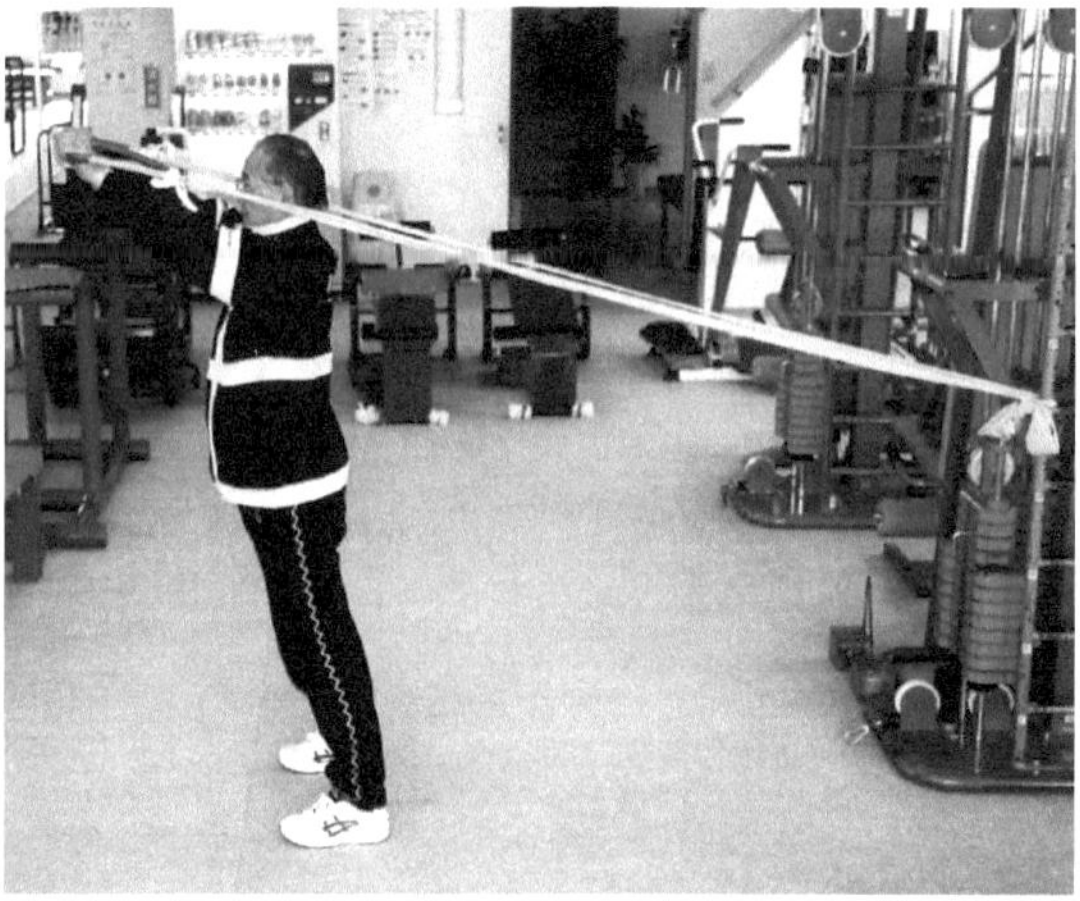

写真８—23　両腕伸展トレーニング

## ボールを用いたトレーニング

写真８―27のようにボールに座り、写真８―26、写真８―28のように身体を倒し６秒間維持します。これを交互に数回行い身体の左右の柔軟性を高めることが必要です。

写真８―24

写真８―25　片手伸展トレーニング

写真8—26

写真8—27

写真8—28

写真8—29は、ボールに座り、身体を前に倒し足首を持って6秒間数え元に戻し同じ事を数回繰り返します。ふくらはぎ・ハムストリングスが伸ばされ柔軟性が高められます。

写真8—30は、ボールに座り、ゆっくりと後ろの方向に手を伸ばし6秒間維持します。これを数回繰り返します。腰を中心に大胸筋から肩・腕が伸ばされます。

写真8—31は、ボールの上でうつむせになり右手を前方に上げ、左足を上げてバランスを6秒間保ちます。その後、手と足を交代させせます。これを数回繰り返します。これらのボールを用いたトレーニングは、身体のバランスを保つことで全身の小さな筋肉が養われることになるのです。

写真8—29

写真8—30

写真8—31

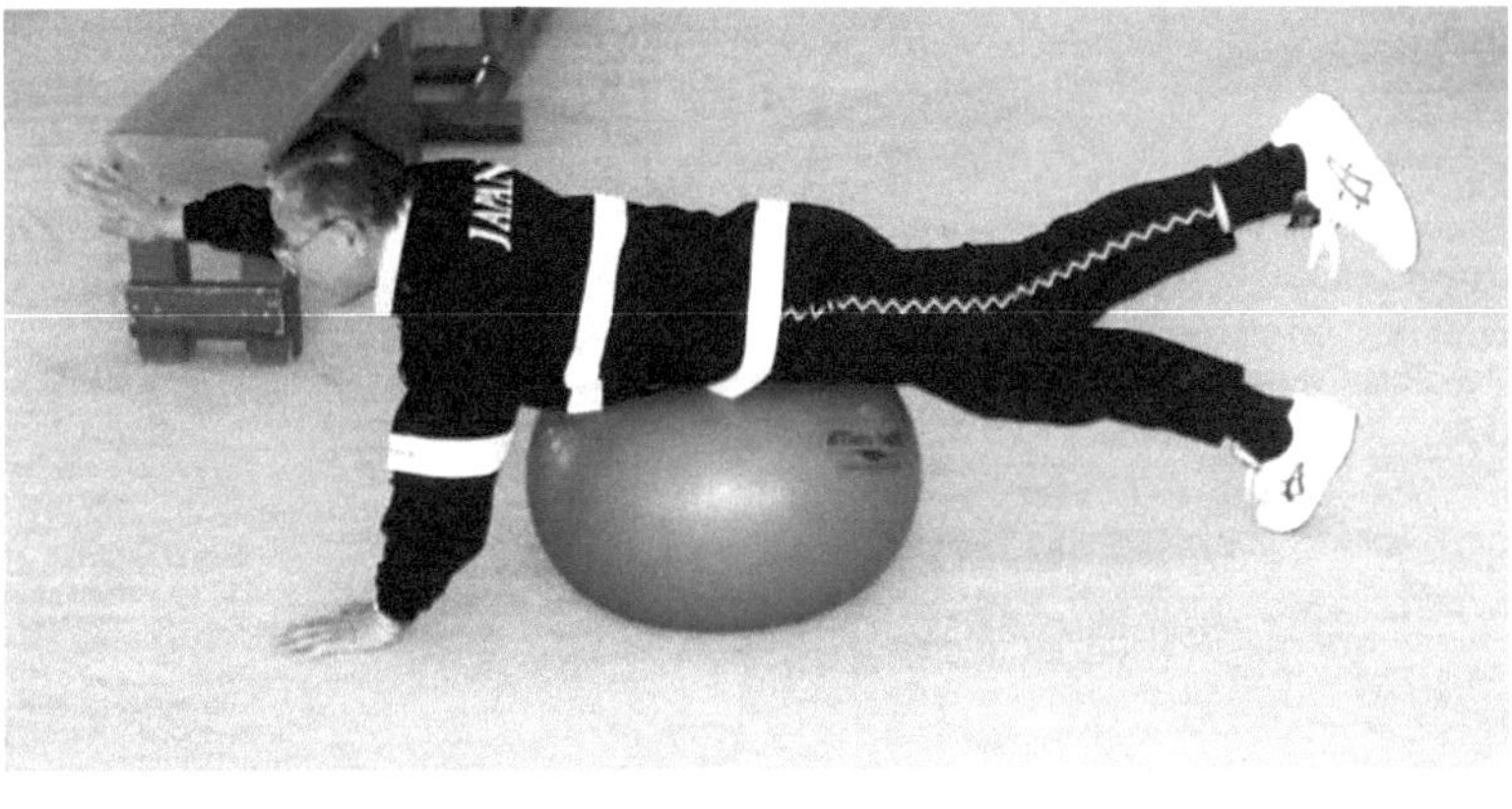

# 第9章

# 「位稽古」を通して「位剣道」を確立する①

２０１４年の日本一を決める全日本剣道選手権大会は、若武者（21歳）の竹ノ内佑也剣士（筑波大３年）が優勝しました。学生らしからぬ、位負けしない堂々とした風格に驚愕させられました。今から思えば48年前に学生の身で筆者も出場させて頂きましたが、竹ノ内剣士のように位負けしない堂々とした戦いは出来ませんでした。

今回のテーマは、位負けしない剣道を求めて「位稽古」から「位剣道」への過程を述べさせて頂きます。孔子は、自身の人生を振り返り「50歳にして天命を知る」と述べています。天命を知るとは、自身の生涯における使命を見極めたと言うことです。

この様な孔子の人生訓から、筆者の50歳代を振り返るとまさしく心身ともに充実した日々を過ごしていました。気づけば「あっという間」に50歳代の10年が過ぎ去った年代でもありました。それは学内や学外において様々な仕事をさせて頂き、多くのことを学ぶことが出来たのです。そういった意味では50歳代は「働き盛り」と言うことばが適しているかもしれません。

今章は無我夢中に突き進んだ筆者の50歳代を「楽苦我記帳」から紐解き概観しようと思います。

# 位負けしない稽古から「位剣道」を目指した契機と動機

40歳代は、48歳で八段審査が受審できることから、八段合格者を分析した結果、「理」に適った剣道。つまり、「理合剣道」を求め稽古・修行しました。そのために柳生新陰流の「活人剣」と「殺人刀」の技法と心法を学び「懸待表裏　一隅を守らず」と「懸待一致」を心掛け、剣道に活かしていく事でした。

また、八段合格者は身体に勢いのあることが必要であると感じました。しかし、ふと自分を振り返ると自身の体力が低下していることに気づかされました。このことを契機に一層の身体づくりを心掛けました。そして、自身の体力増強のためのトレーニングを実践した50歳代であったわけです。

八段を取得させて頂いてから、稽古や立会において八段取得者として恥ずかしくない剣道をする為に①「攻め負けない」、②「崩れない」、③「動じない」など位負けしない稽古を心掛けました。それが八段取得者の義務であり、そのような剣道を実践しなければならないと思ったからです。

そこで位負けしない為に、構えの中で「心身一如」と「心気力一致」を意識し稽古・修行しました。具体的には図９―１のように、①正しい姿勢、②正しい構え、③正しい呼吸、④正しい間合い、⑤正しい意識で稽古に取組んだのです。

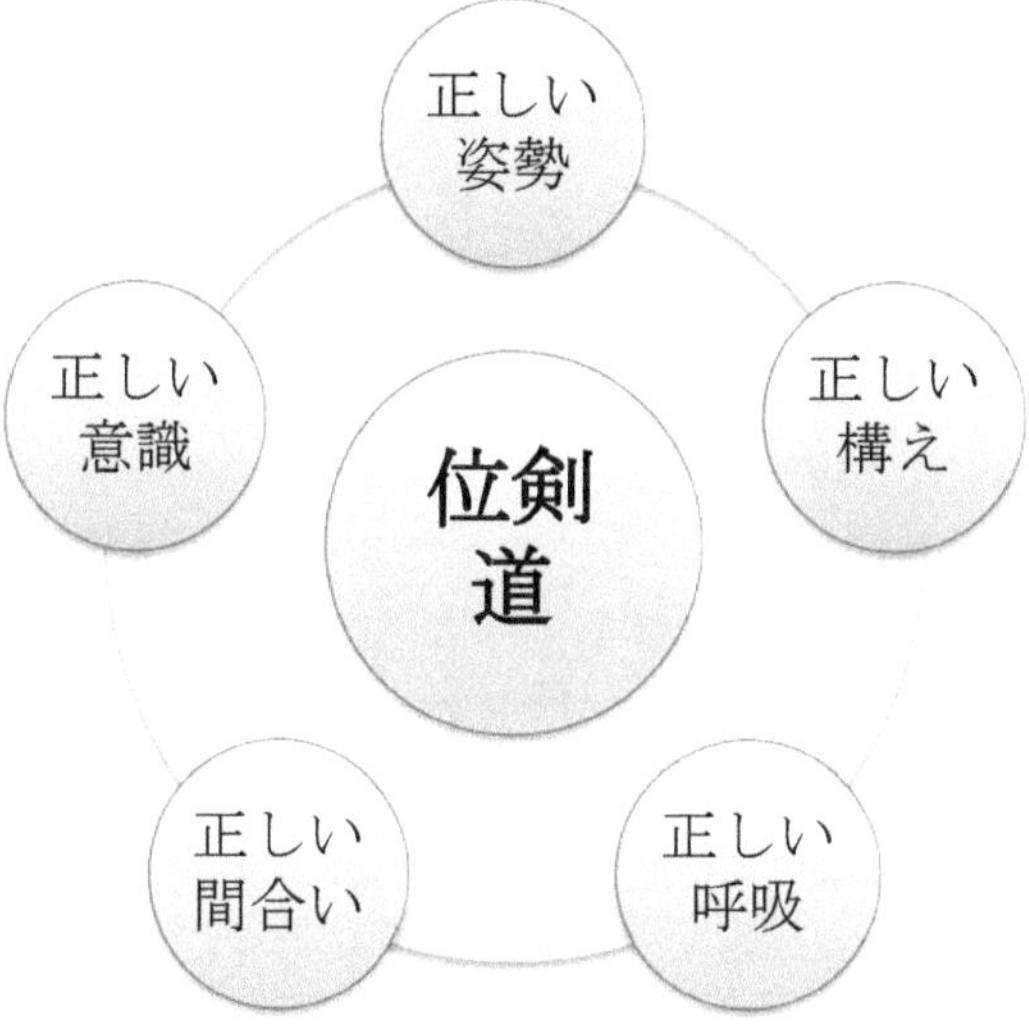


図９―１　位負けしない稽古の意識

それは我が恩師である近藤利雄先生が長年の経験と実践、そしてそれをベースとした指導を通して、「正しい姿勢」・「正しい呼吸」・「正しい意識」を上達の三要素として強調された事。また、柳生延春先生が柳生新陰流の稽古の中で「堂々とやりなさい」・「思いきって打ち込みなさい」・「位を高くしなさい」。さらに、八段に合格させて頂いたとき「聖胎長養」の言葉を拝聴した時を契機として、両先生の教訓をもとに「位負け」しない稽古を意識して修行したのが動機だったと言えます。

例えば、講習会後の稽古会や京都演武大会の立会そして明治村大会や八段選抜優勝大会の試合においても勝敗を意識しつつも「位負け」しない剣道を心掛けたのです。また、学生との常日頃の稽古においても同様な意識で稽古を行うようになりました。此の様に、八段取得者として位負けしない稽古を行うように心掛けたのが「位稽古」の動機です。

その後、上述の稽古を積み重ね、八段選抜優勝大会に出場させて頂いた時、ある先生が「君は位剣道だな」と言われたこと。社会体育の講習会で、ある講師が「あなたの剣道は位稽古です」。さらに全剣連・後援講習会の指導稽古で見取り稽古をされていたある範士が「あなたは、位を意識した剣道です」と言われたことを思い起こします。他者からの眼は「位剣道」「位稽古」と洞察されていた事で、自身が位負けしない剣道を心掛けた稽古に励んでいたことが実践面に生かされてきているとうれしく思いました。

その後、さらに「位剣道」を意識して稽古を行うようになったのは事実です。40歳代、つまり八段受審前は自ら八段取得者を分析し「理合剣道」を心掛けました。しかし、「位剣道」は最初から意識したのではなく「位負け」しない稽古から生まれたもので好転的な転機であったのです。しかし、「位剣道」は、稽古相手によって勘違いされることから注意しました。

## 位剣道の意識5つの心がけたこと

柳生新陰流の稽古で「位を高くしなさい・堂々とやりなさい」の教訓から位負けしない稽古を心掛け修行している中で第三者の立場から、位稽古や位剣道と指摘され、「位剣道」を意識して稽古を行いました。その当時の意識・心構えを振返ってみます。

**1、姿勢・構えの意識**

姿勢・構えは、図9―2のように心眼・腹心・足心に意識し中心軸つまり背筋を伸ばし姿勢が崩れないように意識しました。八段受審のときも意識して行いましたが八段取得後は、それ以上に位負けしない稽古を強固に意識したのです。それは次のとおりです。

心眼は、「遠山の目付」の教えに従い、視野を広くするため上から見下ろす気位で対峙するようにしました。「攻防一致」の競技剣道を行っているころは、相手と対峙し攻め崩し打突する事ばかり考えていました。従って、竹刀で相手を攻め崩し、足幅を広くして姿勢を安定させていた事から、姿勢が低くなり構えが小さくなっていたのです。そこで姿勢は足幅を狭くし、腰を高くし、堂々と向き合い目線を上から見下ろすよう

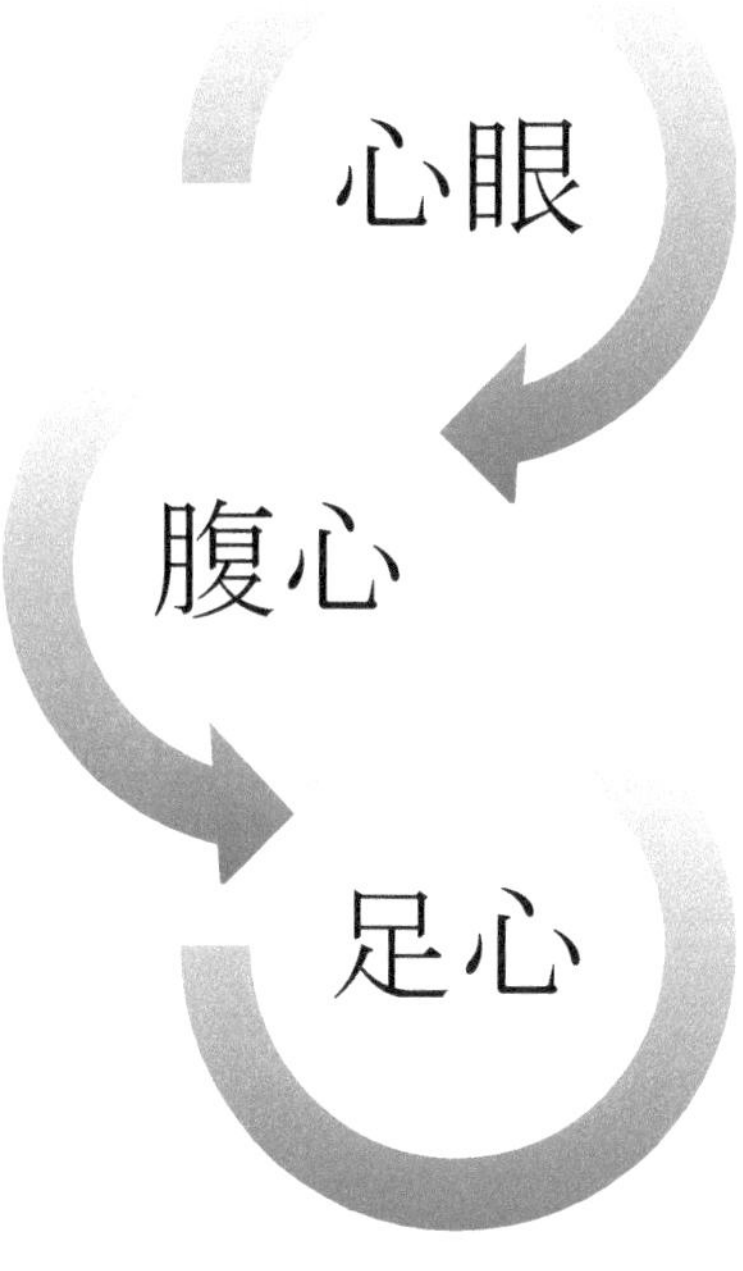


図9―2 姿勢・構えの意識
背筋を軸にして目線（心眼）と足（足心）を直にして腹（腹心）を前に出す

に心掛けたのです。

ある時、柔道部のH先生が剣道部の稽古を見学された後、「林は、学生に比べ姿勢が良いな」と言われたのです。そこで前述のごとく「遠山の目付」で稽古をおこなっていると縷々説明したのです。すると「相手を上から見下ろす事は良くない」と言われ、それは相手を「見下《みくだ》す」ことに繋がると言われたのです。その時、「ハッ」と思ったのですが、反論は避けました。第三者から見ると「見下《みお》ろす」ことは、相手を「見下《みくだ》す」ことに捉えられる事から、戒めなければならないと思ったのです。

足心は、左足の指の付根全体に体重を掛けるようにして、膕《ひかがみ》（膝の裏側のくぼみの部分）が緩まないように意識したのです。最初の頃は左足の腓腹筋（ふくらはぎ）がパンパンに張り痛くなったのですが稽古を繰り返している中で徐々に痛みが無くなり、一歩の出足が鋭くなり、さらに遠くへも跳べるようになったのです。つまり、足幅を狭くし構えの中で安定から不安定状態を創ることにより、一歩の出足が良くなり遠間から跳び込むことが出来るようになったのです。

腹心は、呼吸を浅く長く吐き下腹（下丹田）に溜めるように意識しました。呼吸を吐くことにより肩の力が抜け背筋が伸び竹刀の振上げがスムーズにできるようになったのです。これまで呼吸は全く考えることなく自然の理にまかせて稽古を行っていたのですが、呼吸を意識して行うようになってから無駄・無理がなくなったように感じております。

次に、姿勢の変位について、静的姿勢から動的姿勢への切り替えの大切さを学びました。構えの中で足は止まっているのですが、腰・腹は動いているのです。所謂、重心は構えの中で動いているのです。攻めて打突する動作は、足を動かさないで重心を前方へ僅かに移動する事でスムーズな打突ができるようになったのです。この事を腰攻め・腹攻めとしました。

この動作のヒントは、子供の試合にありました。子供達の打突動作をみると素早い少年剣士は、動きの中で実に無理・無駄がなく自然に打突しているのです。つまり動的姿勢からの打突はタイミングが捉えやすく速く打突できるのです。しかし、年齢が増し子供と同様な動きをしていると疲れスタミナがなくなります。従って、動きを少なくし止まった姿勢、つまり静的姿勢から動的姿勢へ巧みに切替を行い打突に結び付けることが年齢を増してから剣道を伸していける証なのです。

此の様に姿勢・構えは、心眼と足心そして腹心を意識し位負けしないように対峙したのです。最初の頃は、身体の動きが悪くなりよく打たれたのですが「間合い」を意識し遠間でおこなうようになってから、良い稽古ができるようになったのです。

## 2、間合いの意識

間合いは、柳生新陰流で学んだ「間づもり」から「打ち間」を意識し、八段審査に臨みました。その後、位負けしない稽古を心掛け「姿勢と構え」を意識したため、身体の動きが悪くなり打突できなくなりました。そこであれこれと考え、間合いの取り方を工夫するようにしました。「間」を詰め、打ち間を創らない。つまり積極的に自身の方から打突しないで相手が打突するように間合いを明るくしました。間合いを明るくするとは、相手を苦しくしないことです。つまり相手が良い心境になる状況を創ることです。しかし、相手が打突しない待ち稽古。つまり、後の先・後の稽古をする相手には積極的に打って出て相手を打ち気にさせるようにしました。

この様に姿勢・構え・呼吸・間合いを意識し、位負けしない稽古を繰り返す中で無意識に技がときどき発現するようになりました。これらのことは意識から無意識へと剣道が伸びていく証といえると思います。

## 3、心身一如・心気力一致

剣道の戦いの場では、姿勢を正して構え、適切な間合いを取り、相手と対峙して攻め崩し隙の生じたところを瞬時に打突する動作を繰り返す。この打突過程の中で心と気の働きが一つになることを「心気一致」或は「心気の働き」と言います。また、心と身が一致することを「心身一如」ともいいます。さらに心と気と力が一つになる事を「心気力一致」と言います。

そこで良い心境を創る為には、筆者自身は内面（心のうち）を常に「懸かる気」で稽古しなければないことを意識していました。しかし外面は内面と相反して堂々とするように心掛けたのです。つまり「懸待一致」の心境を創出したのです。懸かりの中では待つこと、待つ中では懸かることを意識したのです。試合においても勝敗を意識するものの、勝っても負けても「位負け」しないように良い心境を創るように心掛けました。何故ならば、この事が柳生新陰流の教えであるからです。

## 4、色の無い打突

当時、剣道専門家の先生方は、色の無い打突を求められました。色の無い打突とは、初動に起こりの無い動作の事です。例えば、間合いを詰めた近間では打突できない事から攻め崩す動作を行ないます。また、フェイントを掛けた打突や担ぎ技は、起こりがあり虚をつく技である事から戒められていました。つまり、遠間から起こりの無い、色の無い「捨て身の技」を求められたのでしょう。

そこで色の無い打突は、どのようにすれば良いのか？　あれこれと考え工夫したのです。これまでの剣道は、相手を攻め崩し打突する事を繰り返して行っていた事から、その癖はなかなか直らず、色の無い打突が出来ないのです。そこで試合や立会、そしてＶＴＲを見ていると素晴らしい打突が決まった場合、どのようになっているかを分析しました。

分析の結果、その場で竹刀を振り上げ、振り下ろす時に一挙動で腰から打突していました。それから竹刀を振り上げる事と剣先を立てることを意識して行うようになりました。最初の頃は失敗ばかりでしたが、時々打突できるようになってきました。つまり、打つためには竹刀を振り上げる、剣先を立てる事が必要条件であったのです。

## ５、攻めに対して下がらない稽古

相手の攻めや打突に対して下がらない稽古を意識しました。八段審査の時も同様な事を考え実践したのですが、「気」で攻め返す事が出来ないかと工夫したのですが、それはやはり出来ませんでした。そこで相手の攻めに対して体捌きと剣さばきで下がらない事を意識して実践していきました。日本剣道形の三本目は、打太刀が突いてくるのを仕太刀は迎えるように「なやし」、溜めを創り一気に突き返す技法があります。筆者はそこにヒントを得て「溜め」を創ることが一つには「気攻め」に繋がると考えたのです。そこで相手の攻めや打突に対して下がらない稽古を意識して行なうように心掛けたわけです。

ある試合で体験したのは、前に攻めると相手が後に二三歩下がる。それ以上に下がるヒトもいる。このとき感じた事は、「間が抜ける」、「気が入らない」ことでした。試合で勝つ為の戦術と言えば、それで良いかもしれない。しかし、高段者の試合は堂々と立ち向かい「攻めに対して、攻め返す」技法、心法が必要だと思うのです。「畳一畳の稽古をしなさい」、「縦の線で稽古しなさい」との教えが大切なのです。この心得が年齢とともに伸びていくことの証なのです。

# 位負けしない基礎・基本的稽古

「位負け」しない剣道の基礎・基本的稽古は、中高年剣道研究会と女性剣道研究会そして学生指導の中で実践研究として位置付けたのです。

中高年剣道研究会は、１９９４年6月にスタートし、今年で20年間続けられました。この研究会は剣道愛好者の集いで1ヶ月に1回の研究会で場所は猿投コミュニティーセンターと中京大学の武道館で行なっていました。必要に応じてときどき場所を変えて行なわれました。研究会の内容は以下の通りです。

この研究会は、「剣道が好きでたまらないヒト」、「こよなく剣道を愛しているヒト」、「真摯な常識人」を対象に始まったのです。20年前のことは脳裏から消え去っている事から、熱心にビデオ撮影をして頂いた森孝夫剣士のＶＴＲを今一度視聴し思い起こすことにしました。ＶＴＲをみて最初に感じたのは、「若いなぁー」、「年を取ったなぁー」、でした。研究会の第一声は、「器を変えよう」でした。（図9―3）

最初の10年間は、私が八段を取得する為に取り組んだ「身体づくり」と「技術づくり」が研究会の中心でした。

身体づくりは、ボストンスポーツ（西村式ストレッチ）で学んだストレッチ運動と東京大学の福永哲夫先生から学んだトレーニングです。技術づくりは、柳生新陰流の柳生延春先生から学んだ戦いの場における「斬り合いの本質」と「剣と理の神髄」を現代剣道に如何に活かすかべきかについての実践研究でした。

身体づくりは、皆さんの身体が固い事からストレッチ運動やロングスタンス（歩幅を大きくした歩行）に始まり、前傾姿勢で膝を曲げ踵がお尻に付くように歩行し、ハムストリングス（股の裏側）のトレーニングなどを行いました。これまで自分が行なったストレッチ運動やトレーニングを実践したのです（これらのトレーニングは前々回と前回に述べましたので参照ください）。

トレーニングにより参加者は、トレーニング前に比べ、身体がスムーズに動けるようになりました。また、竹刀を持って上段の構えから諸手で天井を突く動作を100回行いました。この動作をする事で肩関節が柔らかくなり、構えから竹刀の振り上げがスムーズに行えるようになったのです。

また、講義では「器を変えよう」、「間合いの中に何かある」、「基礎・基本の技術論」など、理論主体の座学と身体づくりに関するものにしました。この様に最初の10年間は身体づくりと技術づくりをおこない「器を変える」ことが研究会の中心でした。

図９—３　年齢と共に器を変える

　会員の皆さんは、様々な指導者から指導を受けていることから特徴があり、剣風もそれぞれでした。例えば、構えは良いが技の発現が遅いヒト、間合いが近く打突できないヒト、打ちは強いが痛いヒト、発声は素晴らしが打突力の無いヒト、身体が丈夫であるが固いヒト、難しい稽古をするヒトなど、様々な特徴がありました。そこで、器を変える為に基本的技能を実践し学んだ事をそれぞれの道場に帰り1ヶ月稽古をして再び研究会で検証することにしました。参加者の皆さんは中高年であったことからなかなか変われませんでしたが、1年、2年と続けていると剣道が変わっていきました。伸びる率は低いものの明らかに良くなっていくのです。つまり意識が上達の秘訣であり、まさに剣道は年齢と共に伸びていくのでした。

# タイプ別の稽古・剣道

京都演武大会のとき、観戦していたある範士が、「良い稽古ですね」、「理に適った理合剣道です」、「優しい稽古だね」、「難しい稽古をするね、難剣ですね」、「足が軽いね。あれは鰺踊り剣道です」など、立会いを見られ自己分析しながら説明されていました。また、全剣連の選抜強化訓練講習会（骨太剣士）の講師陣の元立ち稽古（指導稽古）において、見取り稽古をされていたある範士が、あの人は「間」を詰める「詰め稽古だな」、あの人は、適切な間合いを図り理に適った稽古から「理詰めの稽古」だなと申されていました。

これらの事から、ヒントを得て「タイプ別の稽古・剣道」に着目して分析しました。対戦者をタイプ別に分類できれば攻略法・対処法が自ずと浮かんでくると考えたのです。そこでメモ帳に記している一部をご紹介します。

①間合い剣道　②巧みな剣道　③剛剣　④難剣　⑤正剣　⑥わざ剣道　⑦タイミング剣道　⑧フットワーク剣道　⑨間詰めの剣道　⑩合気剣道　⑪気合剣道　⑫スマートな剣道　⑬理詰め剣道　⑭間を外す剣道　⑮虚をつく剣道　⑯防御剣道　⑰攻撃剣道　⑱半気の稽古　⑲正攻法の剣道　⑳気を外す剣道　㉑美しい剣道　㉒品格のある剣道などでありました。

此の様な、タイプ別稽古・剣道を50歳代は考えたのです。

## 地位が品格や風格を生み出す

「位」への転換は、学内の仕事や学外での様々な体験智により自然発生的に生まれた事や意識して取り組む事により転換されていくものです。

例えば、テレビで流行歌を見ていて若い時のＶＴＲと年齢を増してからの歌は、風格があり気品・品格さえ感じます。つまり、経験を重ね舞台度胸が付き、堂々と歌えるのでしょう。また、何回も繰り返す事で身体（脳）が自然に覚え、歌唱力も高まるのでしょう。細かな事はよくわかりませんがテレビを見た感じでは年齢を増した歌手は、堂々とした「位」を感じるのです。つまり「位」とは、年輪とも言っても過言ではありません。

また、ヒトは、その地位に就けば、それなりの品格や風格を生み出すと言われています。例えば、大学において総長・理事長および学長に昇進されれば、その風貌や品格が年齢とともに身体から滲み出るように感じます。また、企業においても会長や社長に昇格され人は、会社の為に一生を捧げられることにより、企業家としての品格が漂うように感じます。さらに政治家は、その地位に就かれると若いころと違い自信がつき余裕・風格を感じます。

此の様に教育者や企業家そして政治家などトップリーダーになられると責任と自覚そして発展を願い、先行きを読み、国家百年の体系ではないが未来の展望を見据え、〝何を〟〝どのように〟〝すべきか〟など常に考え、自覚と意識により、長年の体験と経験が自然に生み出すエネルギーによって風格や品格を生み出すものになると思うのです。

# 学内で学び剣道に活かす

日本は２０００年時代に入ると高齢化社会になり、若年層の人口減少に伴い大学は冬の時代を迎えることが予測されることから、大学改革が積極的に行われた時でもありました。本学部では、将来構想委員会を立ち上げ、10年・20年・30年先を読み学部改組がなされました。科学技術の進歩・発展に伴いスピード時代に突入し、50年・100年先を読み、将来の理想的大学構想ではなく、10年から30年先を予測し短期的・中期的計画を立てなければならない時代になったのです。当時のメモ帳から概観します。

学部を発展させる為には、先ず人事が絶対条件で良い教授陣の獲得が必要不可欠でした。また、学部を良くするためには学部構造改革が必要条件であることから、①入り口を良くすること。つまり入試のレベルアップを図り優れた学生を獲得すること。次に②中身を良くすることであり、施設の整備とカリキュラムの改変、そしてより良い授業・良い教授像から自己点検評価をすること。さらに③出口を良くすること。つまりキャリアセンターの充実と就職を良くする為の指導などでありました。

一方、学部名称も改組する上での必要条件でありました。これまで体育学部で発展した伝統的経緯から体育学部で良いと言う考え方と新たに体育科学部か、あるいはスポーツ科学部が良いのでないかとの議論がなされた結果、体育科学部に落ち着いたのです。しかし、その後10年間で時代の趨勢からスポーツ科学部に名称が変わったのです。この様に社会の急速な変貌とともに名称も変わったのです。学部名称において体育科学系は教員養成が強く、スポーツ科学系は競技スポーツの養成が強いことから、世界的視野からみて学部名

図９－４ 将来計画の模式図

称が極めて重要であったのです。

世の中の移り変わりは早く、20年先と30年先を読み、短期的・中期的な対応をすることが必要になりました。世の中はスピード時代で10年先を予測した計画、つまり「NEXT10計画」が必要なのです。

私は学部における教授会や学科主任会議そして様々な委員会、さらに全学の協議会や全学委員会などに参画して協議する中でさまざまな事を学ぶことができました。物事を考え、工夫する思考力や新たなことを予測し創造する創造力を養うことができました。最後は決定しなければならないことから判断力や決断力が絶対条件でした。

これらのことは、剣道においていかに相手を読み・予測・察知し、判断・決断し、リアルタイムで打突することと同じでした。剣道はまさに仕事に役立つのです。また、議論を積み重ね様々な考え方の中で将来を見据え、何を行うべきか？ どのようにすれば良いのか？ 意見を述べる中で自然に成長し、人間としてあるべき姿が描かれるものと思われます。それと同じように、剣道においても年齢と共に伸びていくための描写が必要なのです。

図９―４は、将来計画の模式図であります。物事を改革していく中での考え方であります。現状の把握は、これまで積み上げてきた伝統を見直し、良いものは残し悪いものは無くす。つまり伝統とは、良いものは自然と残るのです。これが伝統文化なのです。計画は、将来を見越した中で短期的計画と

中期的計画そして長期的計画が必要条件となるのです。

剣道において高校や大学の指導は、中・長期的展望を見据え、短期的指導が必要です。短期的指導の中で将来伸びていく為には、基礎・基本を徹底的に修練しスピード・パワーを身につけさせ、強くなる事と試合に勝てるように指導する事。さらに人としての成長を考えながら指導する事が肝要です。つまり、必要条件を修練し、十分条件を創造して、勝つべきして勝つ絶対条件を構築するように長期的に描写する事が指導と同時に自己形成にもなるのです。

私は学部内の仕事をする中で、第1回の「思うまま」で述べましたように「剣道の技術構造」の模式図を考案しました。剣道が仕事に生き、仕事が剣道に生かされていると強く感じました。

# 第10章
# 「位稽古」を通して「位剣道」を確立する②

この原稿を書いている最中、前章で紹介したパナソニック会長の長榮周作氏から、ご丁重なお手紙を頂き、感慨無量でありました。長榮会長さんのような方が、こよなく剣道を愛し修行され、仕事と剣道を両立され「文武両道の精神」で仕事に従事されておられますことは、剣道を愛する者の1人として身に余るものであります。それは「気配り」「思いやり」「礼譲の心」が人の心を癒してくれるからです。

## 全剣連盟専門委員会で学びその経験を自己の剣道に活かす

今から思い起こすに50歳代は、全日本剣道連盟の専門委員会で様々な仕事をさせて頂きました。私の剣道修行過程の中で自身を成長させて頂き、筆者の剣道修行の道しるべともなりました。ここで培ったことについて記憶を呼び起こし綴ってみます。

今から思えば47歳の若輩者が普及委員会の委員をさせて頂きしました。その後、社会体育指導員委員会、次に試合・審判委員会、強化委員会、さらに長期構想企画会議、指導委員会に参画させて頂きました。

これらの委員会は新しく発足した委員会と、これまでの経緯を見直し、新たなものを創造し、構築するといった将来の剣道界の指針となる極めて重要な委員会でありました。社会体育指導委員会・強化委員会・長期構想企画会議、そして指導委員会は、新しく創られた委員会で試合・審判委員会は、これまでの規則を全面的に見直すと言った剣道の方向性を決定する重要な問題の改革でありました。

これらの委員会は、戦後の剣道を見直し新たなものを創ると言う喜びと同時に不安と責任が錯綜するなかで思考力・創造力そして基礎・基本の原理原則に基づいて創造するエネルギーが養われたことも事実です。

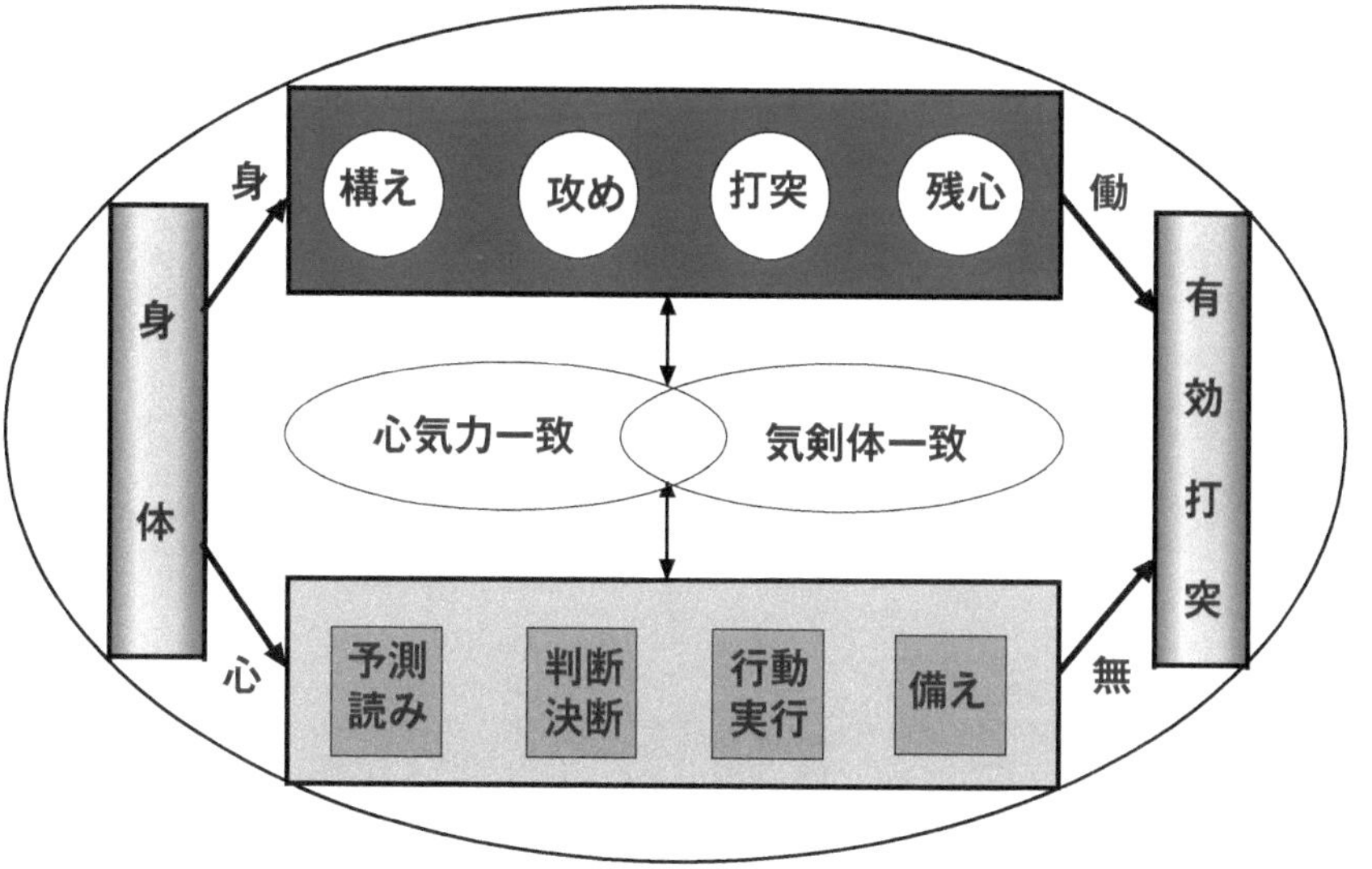


図10―1　剣道の技術構造の模式図。社会体育指導員養成講習会で議論する中で考案した

これらの委員会で学んだ事を概観します。

### 普及委員会

当時この委員会は、事業が円滑に実施されているかなど、普及・発展のための議論がなされました。更なる飛躍のため現代剣道の可否について（本質論）、或は大会運営や指導者のあり方など総論的な議論が展開されました。例えば、現代剣道の可否について議論がなされている中で、ある委員が「一番若い林さんは、どう思うかね」と尋ねられたとき、思わず「悪い伝統は無くし、良いものは残す事が必要だと思います」と答え、赤面した事を今でもはっきりと覚えているのです。若い私にとって先生方・先輩達の考え方や全剣連の方向性を学ぶことができました。この頃の先生方はほとんど他界されましたが、当時の本質的議論がなされた様々な課題は忘れてはならないと考えています。後輩達には伝承しなければならないとつくづく思うのです。

この20年間で、急速に変貌する社会と同様に剣道界も戦前の剣道家の先生方が多く他界され、戦後の剣士の時代になったとつくづく感じています。しからば、戦後剣士は、これまで創り上げて頂いた剣道界をさらに躍進する新たなエネルギーが必要となるでしょう。2020年、6年後の東京オリンピックを契機として更なる飛躍の年となるでしょう。50年前の東京オリンピックが開催された学生時代を思いつつ後進への期待の実現が待たれます。

## 社会体育指導員委員会

この委員会は普及委員会から独立して新たに発足した委員会でした。文部科学省・日本体育協会が主催し、各スポーツ団体が主管で行われる社会体育指導員養成制度で、各スポーツ団体では既に実施されていました。全剣連では称号・段位制度がある事から、実施を見送っていました。しかし、時代の流れの中で指導者は、一般的教養と理論そして実技・演習を学び、公的資格を得て指導することが望ましいことから、社会体育指導員講習会が新たに行われるようになったのです。

当時の委員会を振り返ると、莫大な資料を基に2年間で方法論を構築し、実施するに至りました。この社会体育指導員講習会の準備から実行までのエネルギーは若いからこそできたと思います。この制度の準備段階から、その経緯を述べれば一冊の本になるほどの時間と労力が費やされました。

社会体育指導員委員会は、初めての試みである事から全委員のやる気と意欲、そして結束力と決断力さらに実行力の賜物でありました。特にまとめ役のA委員長にはバイタリティーに富み、議論をまとめ実行するエネルギーに驚愕したものです。

また、講習会にあたり当初は、委員が講師になり講師陣自ら講習が出来るように前日からミィーティングを行い、翌朝も準備に携わり積極的に講習が出来るように運営面にも取り組んだのです。講師陣の取り組む

社会体育指導員養成講習会は平成７年から開始され、初級開始から３年間で約1300人が認定された。
写真は第１回全剣連社会体育指導員剣道（上級）養成講習会（提供＝全日本剣道連盟）

姿勢や意欲そして実践力には感服しました。講習会実行の為の準備段階から講習を終えての反省会まで、将に剣道の打突過程と同じなのです。

この委員会で議論したことや実践したことにより、私にとっては前述しました「剣道の技術構造」の模式図を作成する時のきっかけになりました（図10―1）。

第１回の社会体育指導員養成講習会は、１９９５年（平成７）10月７日から10日まで東京ＮＴＴ研修センターで行われました。役員・講師・事務局は12名、受講生118名で画期的な講習会でありました。当時の講習会の一部を述べさせて頂きます。

筆者は、体力トレーニング論とトレーニング演習そして剣道の実技を担当させて頂きました。体力トレーニング論は教室でトレーニング演習は体育館で実施されました。体力トレーニングの講義では、体力の基礎知識から始まり体力とは何かを説明し、剣道家の体力と体力の低下率などを解き、どのような身体づくり・トレーニングを行うべきかの講義をおこないました。初めての試みである事から、自身の体力測定をした事例研究を発表いたしました。最後列で今は亡き小沼宏至先生がメモを取っておられた姿が思い浮かびます。

また、トレーニング演習では、剣道の稽古を継続していると身体が固くなる事から柔軟性を高めるストレッチ運動を中心に簡易な身体づくりを実施しました。ストレッチ運動・トレーニングに関して初めての人たちが多く意欲的で且つ研究旺盛で講習が終わった後もストレッチ運動をあれこれと工夫しながら実践していた姿が思い出されます。

実技に於ける基本稽古では、面を付け実際に模範を示しました。言葉だけの指導では実際にどのように行えば良いのかわからない事から、自ら面を付けて指導するようにしました。受講生はそれぞれの地域の指導現場において指導される事から、有言実行の方法がベストであると考えたのです。

第1回の講習会であり、受講生の皆さんは筆記試験と実技テストがあることから宿舎で夜通し勉強されていた事を後からお聞きしました。

昔から地域社会の指導者が、今の日本のスポーツを大きく発展させてきました。武道は町道場があり、日本の武道を支えてきました。しかし、社会体育制度が普及するに従い、各スポーツ団体は大きく変貌することになりました。特に水泳やサッカーは地域指導員養成と施設の充実を図り、「場」の環境設定を整え、多くの参加者を募り発展しました。

水泳は公共公営のプールや学校プール、そして民間がプールを造り、指導者は大学で公的資格を取って就職した事から、今日の水泳が世界で活躍するようになりました。

サッカーも同様に地域社会体育の指導員資格を得た人が指導するようになり、運動公園や河川敷などでサッカー場を設置し、いつでも・どこでも練習ができるようにしました。

地域サッカーの隆盛を反映し、日本人選手は世界的に活躍するまでになりました。良い指導者の養成と場の環境設定がスポーツの繁栄と発展につながることになりました。それが国力につながっていると考えられます。

# 強化委員会で位詰めの剣道を探求する

## 試合・審判委員会

戦後、全剣連が発足したとき簡易な試合・審判規則が制定されました。その後、時代の流れの中で改変されながら規則が創られていきました。改変する中で問題点が生じた場合、規則に文言が追加・加筆されてきました。そのことで文言が複雑になり、わかりにくい事から全面的に規則が見直されることになったわけです。規則を見直すことは、憲法を見直すことと同様であることから、慎重な審議がなされたのです。

現行規則の見直された主な特色は、①規則と細則、そして運営要項に分けられた事。②第1条に規則の理念が挿入された事。③竹刀の打突部を物打ちとした事。④主審の主体性を持って対応する事。⑤運営要項をつくり審判員が運営しやすくした事などが主な改変事項でありました。

この規則を見直す中で規則は、剣道の指針となり方向性が問われる事から慎重審議され、第1条に規則の理念が挿入されたことが特筆すべき事でしょう。このときB委員長の研究心と決断力の知的判断能力に驚愕したのも事実です。

この委員会からヒントを得て、私自身は、前述しました「剣道の原理・原則」（五つの柱）の模式図を創りました（図10―2）。

その後、審判員の審判能力が問われるようになり、講師要員講習会が発足し、審判員のレベルアップがなされたのです。この講習会で規則を学び運営方法を実践し、審判技術が高まることになったのです。その結

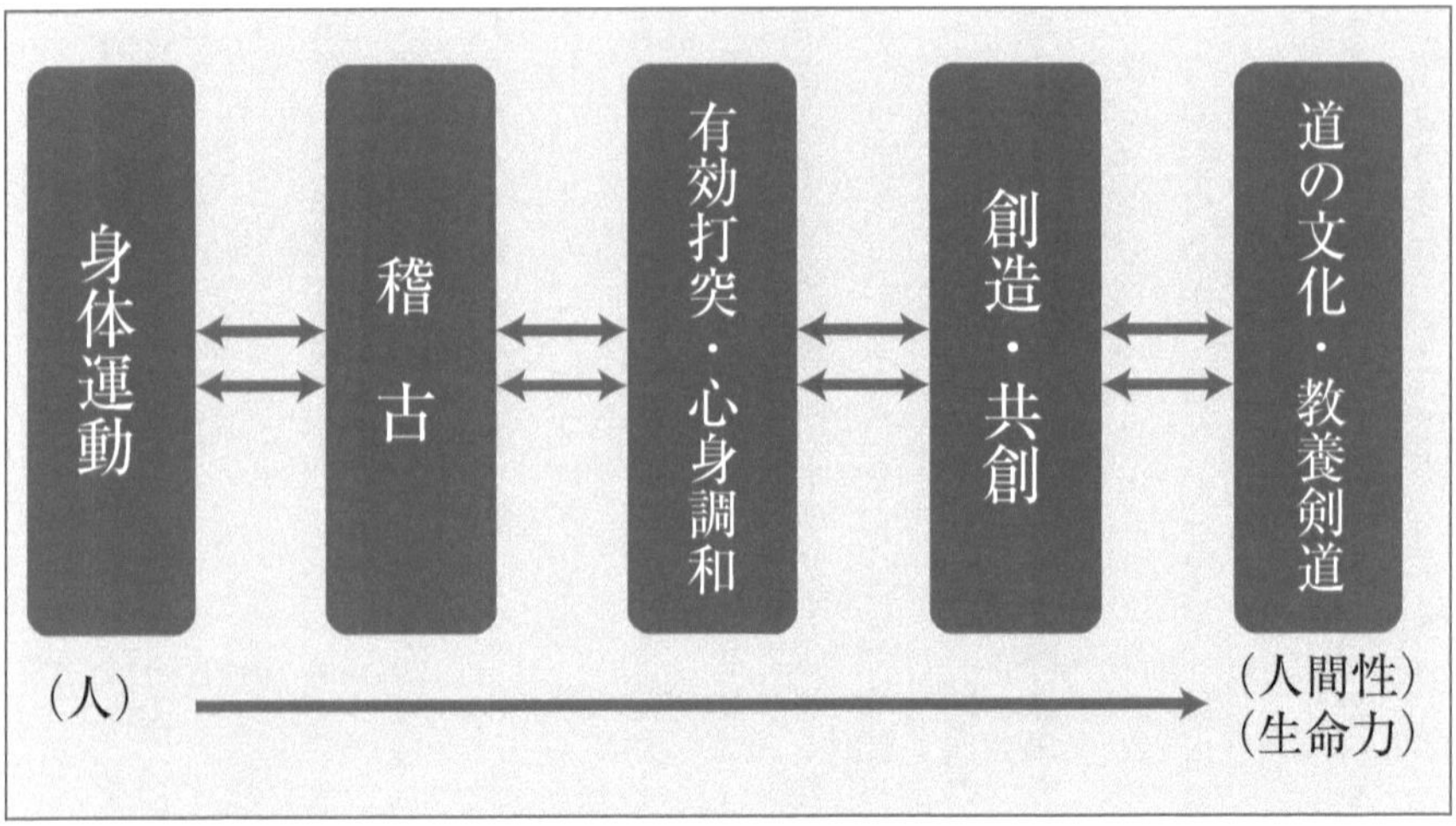


図10―２　剣道の原理・原則の模式図

試合・審判委員会（提供＝武安義光前全剣連会長）

果、審判員の入退場から礼法の所作事、そして姿勢態度と旗の表示、有効打突の判定の可否、反則行為の見極めなど徹底的に研修を行いました。その中でも審判の位置取りが厳しく指摘され、研修参加者の多くは戸惑いを隠せなかったことも事実でしょう。なぜ位置取りが大切なのか、それは有効打突を判定する場合、「見えなかった」「わからなかった」などは自己責任であり、審判員としての良否を問われるからです。

## 強化委員会

この委員会も時代の流れの中で新たに創られたものでした。それは世界大会において各国が強くなり、強化を行わなければ勝利する事が困難な状況になってきた事によります。同時に日本を代表する剣士として恥ずかしくない剣道を表現することは伝統文化の継承を重んじ、各国への模範を示す機会ともなるからであり、その様な試合が求められるようになっていたからです。

また、各層各職種（警察・刑務官・公務員・教員・実業団・学生・高校生）のレベルアップも兼ねて行われるようになったのです（強化訓練講習会）。その後、剣道選抜特別訓練講習会（通称「骨太剣士」）が独立して行われるようになりました。剣道選抜特別訓練講習会は高校生から25歳までの若手剣士が選抜され、将来の日本を代表する剣士を目指す事と各地区や地域そして各職場・職種で模範となりリーダーシップを取り相互にレベルアップを図る事を目的として行われるようになりました。

両講習会は、一言でいうならば「流汗悟道」でした。それは、日本の伝統的側面の文化を学び、技量を高める為に徹底的に厳しく鍛えて汗を流し、その道を悟る強化訓練でありました。強化する中で競技力向上はもちろんですが、人間形成を含めた訓練でもありました。この強化訓練の効果が現れ、ここに選抜された剣士の皆さんは、今では指導者として、また、全日本選手権など、あらゆる「場」で活躍されているのは周知

強化訓練講習会で訓練生を指導する筆者（撮影＝徳江正之）

の事実です。

第62回全日本剣道選手権大会で優勝した竹ノ内佑也選手もその1人であり、20歳代の上位進出した選手も強化訓練講習会で培われた人としての修養の賜物であると確信します。

これらの講習会は、講師が元立ちになり地稽古（指導稽古）で鍛えるのが特徴でした。日本を代表する剣士や将来を嘱望されている若手剣士との稽古で自身の実践した事を次に述べさせて頂きます。

一つには、①スピード・パワーを制する稽古で「位負け」しない事。②無声の気力で対峙し「気」を高め持続させる事。③遠間で稽古する事。④気攻めから出頭を捉え打突することと同時に応じ技で技を繋ぐ事。⑤理に適った理詰めの稽古をする事などでありました。

以上のことを主に意識して取り組んだ稽古であり、講師・元立ちが鍛えられる稽古でもありました。将来の日本の剣道を背負って立つ選抜された剣士ばかりである事から、「気を抜かない・気を持続させる・気を高め、技を繋ぐ」稽古を意識し、「位負け」しない稽古を行ったのです。この稽古が、その後の自身の剣道に影響を与えたのは事実です。

# 指導委員会　正しい剣道とは何かを考える

### 長期構想企画会議

長期構想企画会議も新たに創られた機関でした。長期構想と言えば、将来的、長期的展望に立って、何を・どのようにすべきかが一般的でしょう。当時の剣道界の動向を海外から見た眼と国内から見た剣道について、歴史的背景から捉え総論的側面から討論された。その結果、「剣道の理念」と「剣道修練の心構え」は定義されているが「剣道指導の心構え」が欠落していることから、短期的問題として議論がなされたのです。これまで「指導の心構え」がなぜ構築されなかったのでしょうか。それは幼少年指導要領に指導の在り方などが記されていることから、必要と感じなかったのかもしれません。

しかし、「指導の心構え」も「剣道の理念」や「修練の心構え」と同様に定義づける必要がある事から、剣道指導の心構えが構築されたのです。特に問題になったのは、ある国が剣道発祥の地であることを唱えられていることから、剣道の発祥から議論がなされインターネット上で明らかにしたのが印象的でありました。歴史的過程から現代剣道を回顧したことにより、より深く考察できたことが知識として深くものを考えるようになったのも事実です。

## 指導委員会

様々な事項が専門委員会で見直されてきた中で残されていたのが指導委員会でした。当時この委員会は、戦後の剣道の動向を捉え・分析し「どのように指導すべきか？」の方向性が議論されました。その結果、競技的傾向が強く防御剣道が中心になり見ていても楽しくない事や試合運営に支障をきたす事などが指摘されました。このような議論を経て、将来の剣道に危機感を感じ「正しい剣道」「良い剣道」に導く為に何をすべきかの方向性を導き創られた委員会でした。

剣道は古来、各流派があったように様々な指導方法があり統一した指導法は困難であったのです。これまで全剣連の講習会は、講師がそれぞれの特徴・個性で指導がなされてきました。その後、全剣連の研究会で指導の重点事項を定めた事から、講師は重点事項に基づき指導を行うようになったのです。そして指導の統一性は、「幼少年指導要領」に網羅する形で作成され、それに基づいて指導がなされたわけです。その後、講習会の講習資料が作成され中央講習会や地区講習会などで指導がなされたのです。

現在は、「指導の心構え」が創られた事から、それに基づく指導がなされています。つまり、剣道の本質を捉え、正しい剣道を指導しなければならないからです。そこで正しいとは何か？と問われれば、私としては「正確である」「効率的である」「科学的である」「適切である」「真面（まとも）である」「理に適っている」「美しい」などをあげたいと思います。誰が見ても良いと感じる事が客観的な正しい剣道であろうと定義づけております。

以上のように、当時の全剣連専門委員会で様々なことを学び経験した事の一端を思うままに述べさせて頂きました。普及委員会に始まり、新しくできた社会体育委員会、次に試合・審判委員会、そして強化委員会、さらに長期構想委員会、最後は指導委員会でした。この様に新しくできた委員会と見直しが必要とされた委員会は、武安義光前会長の発案によるものが多かったことが後からわかったのです。

現実的問題点を見直し早急に解決しなければならない事と将来を見越して新しい発想で新たなものを創造するエネルギーが求められたのです。会長としてのリーダーシップは素晴らしいものでした。これらの事が将来の剣道が伸びていく証であったと考えるわけです。

## 剣道研究会で学ぶ

全剣連では、毎年2月中旬に埼玉県北本市の解脱会で剣道研究会が行われています。この研究会は現在掲げている問題点や今後どのようにすべきか等について議論を重ねる場でもありました。

当時の研究会は、指導法・日本剣道形・審判法の三本柱で研究がなされていました。これは中央講習会や地区講習会で講師が指導する場合の方法論を研究し重点事項をまとめ指導に役立たせる為のものでもあったのです。当時、剣道形は様々な考え方で指導されている事から原本に即した指導の在り方を提示するものでありました。また、術理の指導法も講師の特徴と技量によって指導されていた事から、重点事項を定め指導に役立たてる研究会でもあったのです。

これらの研究会から、個々の意見を述べる独創性と議論の中での協調性や共創性、そして新たなものを創る創造性を学ばせて頂きました。筆者も幹事そして研究員としておおよそ20年来参画させて頂きました。

午前・午後の研究会終了後、研究員の稽古がおこなわれます。高齢で高段者の先生方が元立ちで、おおよ

位剣道は、位負けしない稽古にはじまり、常に心気力一致・心身一如を目指し心身融合の世界を構築する事が理想とする剣道であるべきと考える

そ1時間の地稽古がなされます。研究員は稽古をお願いしたい先生にいちはやく面を付け待機します。当初の元立ちをなされた先生は個性があり剣先が強く打ち込んでいくのが怖かったのが事実です。

しかし、年齢を重ねていく中で先輩達の懸かる稽古の姿を拝見して稽古の仕方を学ばせて頂きました。つまり見取り稽古でコツを覚えたのです。当時の稽古をお願いした一事例を述べてみます。

私は、あるときC先生に稽古をお願いしました。C先生に稽古をお願いするのは、全剣連の講習会の時かD大学へ学生を引率した機会しかありませんでした。そこで、これまで修行している技量を全て出し切る事を心掛け全身全霊で懸かります。その場合、初太刀一本を提唱されている先生である事から、最初は気合いを充分に入れ無駄無理のない初太刀を心がけ、気攻めからただひたすら懸かる稽古をお願いします。ただし、この稽古では「諸手突き、片手面、片手突き、逆胴、担ぎ面、諸手突きから面」と常日頃、あまり使わない技を発現しました。何故ならば、常日頃の学生相手の稽古では難易度の高い技を使わないからです。

稽古の後、私とC先生の稽古を見ていた先輩が、「おまえ、あんなこと良くするな、俺たちだと半殺しにあう」と言われました。私は、C先生に稽古をお願いするときは、初太刀は諸手突きから入ります。それは、自身に気を入れる事と先生にも気を入れて頂き本気になって頂く為でもあります。ただし、諸手突きは、正しい突きでなければ危険が伴います。一歩踏み込んで止まるのが秘訣であり、コツです。よく見かけるのが一歩踏み込んで余勢で前に出て行ってしまう傾向が見られます。この突き方では、相手に取って「いやな」感じの突き方です。これは突き部位を外したとき危険です。諸手突きは、寸止めか実突きで突いたあと自身の身体に竹刀が収まり一歩引く事が必要であり、突き放しにならないで次の技へつながる様な突きが必要なのです。つまり、突かれても気持ちの良い突き方が絶対条件なのです。

一事例でありますが、多くの先輩や先生に稽古をお願いする中で剣道は「心」で決まることを学びました。つまり「心の決定《けつじょう》」です。また、剣道の稽古は、生きる為の叡智が沢山詰まっている「人生の指南書」だと感じています。

剣道愛好者は、自身の剣道観を持ち理想とする剣道を求める事が上達・伸びていくために必要です。筆者の50歳代の剣道は、様々な仕事や講習会そして研究会などで学んだ事が結果として好転的な転換で「位剣道」へ繋がっていきました。この様に社会的経験・体験智が自己の剣道を高めていく証だと思われます。

位剣道は、位負けをしない稽古にはじまり、常に心気力一致・心身一如を目指し心身融合の世界を構築する事が理想とする剣道であるべきです。しかし、相手が変る事でその世界は大きく変貌することが度々でした。ただ失敗のあと成功へとつながったこともあり、諦めないで根気よくコツコツと努力し、様々なことに挑戦する事が伸びていく証となると考えています。

今一つは、剣道を真面目に取組み、学んだ事を身体に体得させ体現する事です。そして体得した事を壊す事も必要と考えています。その為には剣道以外の様々なことに挑戦して学び、新たな自身を創る事も道が開かれる証となるのです。

# 第11章

# 「無形の位」から「懸迎一致」を考案し、「攻応一致の剣道」を開眼する

これまでの2回は、八段を取得してから、位負けしない位稽古を通して「位剣道」を構築した事について述べてきました。それは学内や学外の仕事に従事し忙しい日々の中で創造したものでした。50歳代は、「忙しい、暇がない」が一般的であり、その状況から如何に自分を見出すかが問われるところです。つまり働き盛りの時ほど成長し「器」を変えるチャンスであり伸びる証である事を俎上に挙げ事例をもとに述べてきました。

今回は、60歳代に「無形の位」から、「懸迎一致《けんげいいっち》」を考案した「攻応一致《こうおういっち》」の剣道について考察します。懸迎一致とは、懸かり迎える心法と技法。攻応一致とは、攻撃と応じを一致させる剣道で、いずれも筆者の造語です。

孔子は、60歳にして耳順《じじゅん》、つまり「ヒトの言う事を逆らわず素直に聴けるようになった」と述べています。「耳順」を辞典で見ますと「思慮分別ができ、他人の言を理解でき、何事にも腹が立たなくなる意」、また「修養ますます進み、聞くところ理に適えば、何らの障害なく理解しうる意」と書かれています。

そこで今回は、60歳代を振り返り、私の見聞録を素直に述べる事とします。

## 物事に区切りをつける必要性

筆者は物事を行う場合、区切りを付けるように心掛けています。例えば、学内における行事の中に「海浜実習」や「スキー実習」があります。スキーは、剣道で使わない筋肉のトレーニングになる。また、剣道から離れ心身ともにリラックスできることなどから、率先して実習に出掛けました。実習は、二週間で長いときは三週間ほど山に入りました。しかし、50歳から、お断りをしました。学内外の仕事が忙しくなったからです。

また、剣道のために趣味が必要と感じゴルフを嗜みました。ゴルフは広々とした自然環境の中に身をおき日常の事を忘れ、心身をリフレッシュできる事や歩くことで下肢筋力のトレーニングになる事から、よく出掛けました。しかし、時間的余裕がない事から50歳でゴルフも止めました。さらに地域連盟や全日本学生連盟、そして全日本剣道連盟など全ての役職を65歳でリタイアしました。連盟で役職を長く続けていれば、他のヒトが育たないと考え、後輩を育てる事も必要と思いリタイアしたのです。

このように物事を行なう場合、一つの事に対していつまでも拘らず区切りを付ける事も必要でしょう。そして新たな道を切り開き挑戦する事も伸びていくための証です。

## 全剣連の指導法

私が委員をさせていただいていた当時、全剣連の講習会は日本剣道形と試合・審判法そして指導法の三点セットで行なわれていました。指導法においては講師がそれぞれの力量に応じて指導がなされていました。そこで統一した指導の必要性から剣道研究会（北本市解脱会）が行なわれていました。その時の指導法の要点を考えると、指導の目標は「心気力一致」と「正しい剣道」、指導目的は「人間形成・ヒトづくり」、そして実際の指導に当たっては「初太刀一本」が提唱されました。これらの事を、全剣連の各講習会で、どのように指導するか講師陣の指導力が問われたのです。

そこで私は、「心気力一致」と「初太刀一本」を、どのように指導すべきか試行錯誤・暗中模索しながら考えた末、「心気力一致」は、間合いの中での攻め合いにおいて「気攻め」と「剣攻め」そして「体攻め」

第１回全日本少年剣道錬成大会の講師陣の入場（左から持田十段、越川九段、小澤九段、大麻十段の先生方）。学生の頃、全日本剣道道場連盟のお手伝いをさせて頂き、間近で個性豊かな先生方の稽古を拝見できたことが私の財産です。

を、どのようにするかでありました。気攻めは、充実した気勢で相手を攻める（発声により呼吸を吐き、打てる状態を創る）。剣攻めは、竹刀で相手の竹刀を攻め崩す（押さえる・払う・張る・すり込む・捲くなど）。体攻めは、足で攻める（右足・左足）。また、腹・腰で攻める（重心移動）。この様に「気・剣・体」の攻めから「心気力一致」を創出するように指導したのです。もちろん私自身が基本稽古で検証してから指導したのです。

一方、「初太刀一本」は、前述の「気・剣・体」の攻めを「攻め合い稽古」で検証したところ、技が自然に出る様になるのです。つまり、互いに攻め合いの攻防を繰り返している事により、自然に「気」が入り、「打ち気」になり技が発現するようになったのです。この事が「初太刀一本」の重要視された要因であったのです。つまり、心気力一致に繋がるのです。

しかし、初太刀一本を強調すると中高年者は「待つ」傾向が見られることから、攻めに徹する事が大切です。一方、この初太刀一本は、若年層の剣士に強調する事がより必要だと感じています。若いヒトは勝負にこだわり、攻めもなくただ打ち込んでいく傾向が見られることから、初太刀一本を強調し、攻めを指導する事をとくに心掛けることが重要と考えたからです。

この様に、間合いにおける攻め合い稽古は、初太刀一本を大切にする事から「心気力一致」が創造され、良い心境ができ技が自然に発現するのです。

ところで現在の剣道は、我々の若い頃に比べ個性が少ないように感じています。地域の著名な先生方の指導を仰ぎ個性豊かな剣士が多かったように感じます。写真は、私の学生時代の著名な先生方で個性豊かな剣道家であったと記憶しています。現在は、統一された指導法から個性がなくなっているように感じていますが、皆さんは、どのように感じておられますか。

例えば、学生剣道において、教育をねらいとした「教育剣道」、専門家を目指した「剛剣で強い剣道」、教育と専門家をねらいとした「正剣・教育剣道」、試合で勝つことに徹した「勝利剣道」、社会に出てから楽しく行なう「趣味・社会人剣道」など、大学のカラー・特色が私の若い頃はありましたが、現在の大学は特色が無くなりました。この事も現代剣道の画一された特色でしょう。

また、昇段審査において、正しい姿勢、正しい構えで攻防を展開し、そこから互いに打突の好機を捉えて打突し残心を取り有効打突を得ることに専念します。構えが崩れ、攻めが弱い、打ち方が悪い、あるいは残心がないと合格がおぼつかない。従って正しい剣道に専念することから、殆どの人たちが同じように見え個性が半減しているように感じたわけです。つまり、俺流、自分流を創ることも必要でしょう。

## 修行過程の模式図作成と修行の方向性

筆者は、学内や学外で様々な体験や経験を積み重ねた結果、剣道修行過程の模式図を考案したのが図11—1です。今回は、位剣道から無形の位を学び「懸迎一致」を創造し「攻応一致の剣道」を構築した事を考察します。

剣道の用語は、剣術と言われた時代から禅や神道そして仏教語を中心としたものが多い。それに基づいて我々指導者・修行者は、伝統的に受け継がれた言葉や用語を理解した上で伝承しているのが現実です。そこで故人達が新しい言葉や用語を創造したように新語を創造する事も伸びていく証と考えたのです。

私は、「懸迎一致」と「攻応一致」の用語を創造しました。「懸迎一致」とは、「懸かり迎える」、「迎え懸かる」ことを意味し、それを一つにする心法です。一方、「攻応一致」は、攻撃と応じを一致させた技法です。これらの動機と方法について紹介します。

### 位剣道から無形の位と青眼の動機

図11—1のように、若い頃は「試合に勝ちたい」「強くなりたい」ことから「攻撃剣道」を求めたのです。しかし、指導者になってから、八段審査を目指し「理合剣道」を修練しました。八段取得後、指導者として「位剣道」を心掛け修行しました。その後、「位」を高くすることに疑問を持つようになったのです。

柳生新陰流の宗家である柳生先生から稽古は「位を高くしなさい」「思い切って打ち込みみなさい」「打た

れる事を恐れないで堂々とやりなさい」の教訓を意識して稽古に取り組んだのが50歳代の「位剣道」でした。そこで柳生新陰流の斬り合いの本質である「懸待表裏　一隅を守らず」を意識し稽古を行なったのです。良い心境を創る為に「心身一如」、「心気力一致」を意識し「懸待一致」を修練したのです。つまり、相手と対峙し攻防動作を展開する中で「気」は懸かり「体」は待つ事を一致させる心法と技法を剣道の稽古で実践したのでした。

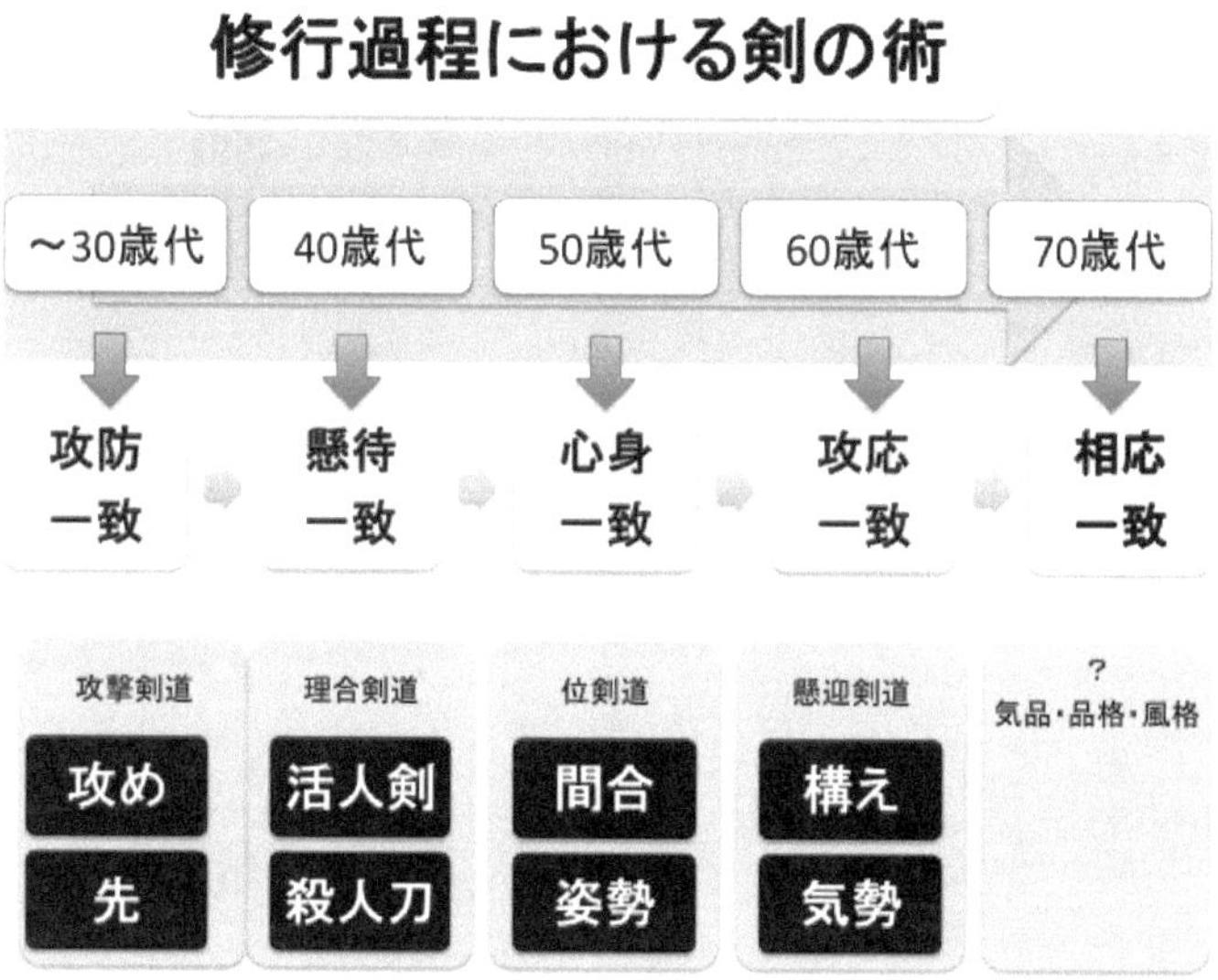

図11―1　剣道修行過程の道標

　その後、柳生先生との稽古が終わり昼食を共にしながら剣道談義になったときのことです。私は柳生先生に柳生新陰流は「なぜ、構えと言わないのですか？」と問い掛けたところ、「『構え』と言うと構えてしまう。固まって形に拘る傾向が見られる事から『位』と言う」と説明され、「位」は心理面も含まれていると述べられました。そして「『位』は様々な位があり『無形の位』が原点でゼロからの出発です。剣道ならば下段の構えが『無形の位』です。この無形の位から、青眼・正眼（中段）や雷刀（上段）など様々な構えに変化していくのです。青眼は相手を歓迎する目つきで、正眼は剣先を相手の左眼に付ける。さらに『有形・無形』は構え合って構え無し、『有心・無心』は心あって心なし」とも述べられたのです。このようなお話から「無形の位」と「青眼」を意識するようになったのです。

## 「位剣道」の捉え方と「無形の位」から「懸迎一致」へ

60歳代の稽古は、スピード・パワー・筋力が無くなっていく事を感じながら学生と共に稽古を行なっていました。ある時、前述しました柔道のH先生の事を思い出したのです。

H先生は「林は、学生に比べ姿勢が良いな」と言われたので、「遠山の目付」で稽古をおこなっている事を説明したところ、「相手を上から見下《みおろ》す事は良くない。それは相手を見下《みくだ》すことに繋がる」と言われました。「見下《みおろ》す」ことは、相手を「見下《みくだ》す」ことに捉えられる事から、戒めなければならないと改めて感じました。

今一つは、位負けしない「位剣道」を意識して稽古を行なっていると「君は位剣道だな」、また「あなたの剣道は位稽古です」、さらに「あなたは、位を意識した剣道です」と言われたことから、他者から見ると「位剣道」「位稽古」と思われていた事から、「アッ」と思い、第三者から見れば「偉そう」、あるいは「生意気」に取られるヒトもいることに気づかされました。

柳生先生をはじめ多くの諸先生から、「無形の位」のお話を聞き、ゼロからの出発、つまり原点回帰を考えるようになりました。そこから「無形」を意識するようになったこと、体力が落ちたことから「懸迎一致」の剣道を考える様になりました。

実技終了後、剣道部員らと共に。前列右から3人目が浅田真央さん、2人目が小塚宗彦さん（写真提供＝中京大学スポーツ振興室）

## 心眼・見る眼の必要性

剣道の指導の中で、「構え・構えて」と言いますと自然に中段の構えになるのが一般的です。この、何の違和感なく自然にヒトは中段に構えます。この何の違和感もなく構える事が自然の心法なのです。

一方、技法は右手と右足を前にする事から右自然体になります。これが柳生新陰流の「青眼の位」なのです。つまり、右自然体で自然に構える姿なのです。柳生先生は「無形の位」や「青眼の位」、あるいは「雷刀の位」などについて、言葉を用いて「この様にしなさい」とは一言もいわれませんでした。また、その他の「位」つまり構えにおいても一切説明をされません。すなわち「見て学びなさい。能く能く研究しなさい」という指導でした。「学ぶ心がなければ当流を学ぶ価値がない」と言われていました。

昔から、「ヒトの振り見て、我が振り直せ」と言う諺があります。私は柳生先生にご指導願うとき、先生の立ち振る舞いを観察します。無形の位は、どのようにされているか。青眼の位は、どのようにされるのか。斬り込む時、どのように斬り込まれるのか。その見た感覚で立ち振る舞いを意識して稽古をしました。この観察眼が上達する、伸びていく礎になると考えています。

私が、これまで多くの学生指導してきた中で観察眼の鋭いヒトは、フィギュア・スケートの浅田真央さんでした。真央さんは、理論の説明や実技を示範するときの見る眼差しは美しく、ここが大切だと言うときの目線は鋭く集中していました。おそらく子供の頃から、様々なデモンストレーション・演舞を見て育ち、真似る練習から技を自得し、そこから新たな技を創造するエネルギーを自然に体得したのでしょう。超一流のアスリートは、観察眼・心眼つまり、見る目の鋭さを肌で感じ取る事が出来たのです。

この様に、見た現象面をイメージし「真似る稽古」から「技を自得する稽古」が伸びていく証です。まさしく「見取り稽古」が必要なのです。

## 「切り返しの切り換えし」の考案・動機

柳生新陰流には、現代剣道に最も近い原形の試合勢法があります。その技法は相手が斬り込んでくるのを受けて返す技術です。それは打突に対して受けて打突するのではなく「受けながら返す」技法と「迎えるように返す」心法の両面を融合させる事が絶対条件なのです。

その柳生新陰流の教えを踏まえ、中高年剣道研究会や女性剣道研究会の皆さんの特色と学生剣道の特徴を分析し、「切り返しの切り換えし」を考案しました。

中高年・女性剣道研究会の皆さんは高齢で身体が固いのです。もちろんストレッチ運動で身体を柔らかくするのですが、とくに剣道の稽古になると固くなってしまう傾向にあります。また、学生剣道の特徴は、守りが固く打突に対して受けっぱなしになり、技がつながらない傾向が見られます。学生に「受けたならば返して打て」と言葉で指導しても長年培ってきたその技術はなかなか直りません。そこで、何か良い方法がないものかと暗中模索・試行錯誤している中で、「切り返しの再考」と「切り返しの切り換えし」を考案した

柳生延春先生

のです。

## 切り返しの再考

スポーツの世界に限らず企業等において新たなものを発見した場合、公表しないのが絶対条件であります。剣道も剣術と言われた時代から、それぞれの「場」で創造した極意は公表しません。一子相伝でありました。現代剣道も様々な稽古法を考案し、極意は公表しないのが一般的です。

剣道の稽古において同じ事を毎日、毎年続けて技術を習得するのも一つの方法でしょう。しかし、ヒトは同じ事を続けていれば飽きて意欲をなくす事もあります。従って指導者は常に新たな方法論を考え工夫し創造する事が良い指導・指導者の条件です。

例えば、「試合に勝てない」、「審査に受からない」、「4年間稽古しても強くなれない」など指導者は常に考え工夫しているのですが、間違っている場合もあるのです。そのようなときは自身の指導法を考え直す事も必要でしょう。一例ですが、切り返しについて考えてみましょう

切り返しは、懸かり手が正面を打った後に左右面を連続して行ないそして最後に正面打ちで完結します。それに対して元立ちは、正面を打たせ左右面を受け最後に正面を打たせるのが一般的です。そして、何回も繰り返すと力が抜け動作がスムーズに行なえるようになり、気力と体力そして技術を同時に鍛える素晴らしい稽古法で他のスポーツでは見られない剣道独自のトレーニング法です。

ところが、年齢を重ねてくるとほとんどの剣士は、切り返しを行なわない傾向が見られます。切り返しを速く行なおうとすると肩に力が入って息があがり、疲れるからです。このような切り返しの問題点は、理想とする「上虚下実」にならず、「上虚上実」になっていることです。動作を速く行なおうとする事から上肢

（肩・肘・手首）に力が入り、腹の力が抜けて息つなぎがコントロール出来なくなるのです。

年齢を重ねてからは、大きな動作で力を抜き、正しくゆっくりと打ち切る事が肝要です。打ち切るためには、左右面を打つ場合、首筋を切る気持ちで打ち込むと竹刀が自身の身体の中に納まり上虚下実になります。一方、元立ちは、受け方が極めて大切です。一つには懸かり手の打ち込んでくる竹刀を引き込み、相手の腕が伸びるようにする事と、今一つは、打ちが弱い場合、打ち込んでくる竹刀を切り落とすようにして行なうと相手の打ちが強くなり、元立ちも相打ちのコツを覚える事にも繋がります。

この様に、懸かり手と元立ちが同時に良くなる事から相乗効果が創出されるのです。私は指導するとき、剣道具を付け、切り返しを行なうようにしております。それは模範を示すと同時に自分自身の大切な稽古だからです。

## 「切り返しの切り換えし」の考案と方法

現代剣道は受けが多く、防御剣道になっている事から、何か良い方法がないものかと考えたのが「切り返しの切り換えし」でした。「受けが多いから返して打て」と指導してもなかなか直りません。受けたら即返すことができる応じ技の稽古をすれば良いのですが、その稽古をしても実戦ではなかなか効力を発揮することはできません。そこで考えたのが「切り返しの切り換えし」でした。そもそも応じ技の稽古の前に必要な原理が抜けているのではと考えました。「切り返しの切り換えし」をご紹介します。

懸かり手は、遠間から前に攻め、すり足（送り足）で正面を打ち、つづいて前に四歩、後ろに五歩左右面を打ち、最後に遠間から前に攻め正面を打ちます。一方、元立ちは正面を打たせ、懸かり手が左面に打ち込んでくるのをよく見て右足を引きながら返して右胴を打ち、続いて右面に打ち込んでくることから左足を引きながら返して左胴を打つ、この動作を4本行い、続いて懸かり手が引きながら左面を打ち込んでくることから、左足を前に出しながら返して右胴を打つ、続いて右面に打ち込んでくるところを見て右足を前に出しながら返して左胴を打つ。この動作を5本行い、最後、正面を打たせます。一般的に行なわれている切り返しを元立ちが左右面を返して左右胴を打つことを「切り返しの切り換えし」としたのです。この動作は容易に見えますが、実際に行なうとかなり難しいものです。

「切り返しの切り換えし」を実践する場合の留意点は、以下の通りです。

①懸かり手は、大きな動作で正面を正しく打ち、つづいて左右面を正しく打つ。足の運用は送り足で正しく行なう。

②元立ちは、懸かり手の正面を正しく打たせる。この場合剣先は僅かに開き打てる状態を作る。

③続いて左面に打ち込んでくるところを、よく見て迎えるようにし、返すときは、すり上げるように竹刀の一点で応じて返すことが肝要です。右面も同様。

④元立ちは、左右胴に返したとき「気」と「体」は懸かっていることを意識し、次への技へと変化する。

ここで重要な事は、相手の打突を迎え、応じるときは、一点ですり上げるようにして返して打突することです。打突したとき身（体）は懸かっている事がコツです。この事が、迎え懸かる「懸迎一致」の剣道なのです。つまり、懸かり手と元立ちが共に良くなる事から、一石二鳥で「共創」なのです。

## 抜き胴・返し胴ができなかった

高校で浅川春男先生、大学で三橋秀三先生と伊保清次先生に習いましたが、三人の先生は「面返し胴」、「面抜き胴」の名人でありました。

高校生の頃、浅川先生が「林は、胴が下手だ」と言われ、胴打ちの稽古を繰り返しましたが、「面返し胴」や「面抜き胴」で有効打突を得たことが一度もありません。大学の稽古において三橋先生は、「面返し胴」や「面抜き胴」をいとも簡単に発現されていました。先生は晩年、剣道は「読みと反射だ」と言われ、日本剣道形の七本目を説明され、「相手の動きを察知し反射的に打突することが肝要である」と力説されました。しかし、あれこれと考え工夫して稽古をしたのですが先生の様には出来ませんでした。

## 全日本八段選抜剣道優勝大会で開眼

筆者が63歳のとき、全日本選抜八段優勝大会に出場させて頂き、山田剣士と対戦し、「面抜き胴」を決めることができました。剣道の手ほどきを受けてから公式戦で初めて「面抜き胴」を打つことができたのです。試合が終わった後、ある範士から「剣道形通り打ったな」と言われ、うれしく思いました。公式戦最初で最後の「面抜き胴」でした。

これまで、あれこれと考え工夫し稽古に取り組んでいましたが、なかなか「面返し胴」と「面抜き胴」を打つことが出来ませんでした。しかし、「切り返しの再考」と「切り返しの切り換えし」を考案したことにより、三橋先生の言われた「読みと反射的動作」が出来たものと自負しております。

# 「切り返しの切り換えし」の実践事例

２０１４年度の学生日本一を決める全日本学生剣道優勝大会が行われる一週間前に監督が体調を崩された事から、急遽私が指導する事になりました。４月から11月まで一度も学生とは稽古を行なわず、退職にあたって47年間の残務整理と当雑誌の投稿に明け暮れていました。この様な現状で指導する事になったのです。

そこで、何を、どのように指導すべきか考えたのが次の事でした。

①現在の学生剣道は守りが強く防御剣道で受けっ放しである。

②間合いが近い。

③技が繋がらない。

④直線的打突で応じ技が少ない。

⑤団体戦はチームワーク。

⑥オーダー・ポジィションの自覚。

以上の事を網羅するために次の方法で稽古に取り組みました。

一つには、礼法と攻め合い稽古で「気」を充実させ気勢を高める。

二つ目は「切り返しの切り換えし」を導入し、応じ技ができるようにする。

三つ目は有効打突の少ない諸手突きと胴打ちを多くする。

四つ目は試合稽古で良いところと悪いところを指摘すると同時にポジションの役割を明らかにする。

五つ目はチームワークを創る。

特に礼法と攻め合いで気力を高める。そして「切り返しの切り換えし」を徹底的に行い、応じ技に展開する稽古から技を繋ぐことを意識の中心としたのです。

また、試合であまり使われていない諸手突きと胴技を多く行ないました。試合稽古では、一試合毎に試合を中断し、全員が見ているところで全部員に良い点と悪い点を指摘し、意識を高めました。通常は試合を中断することなく、試合を続けながら個人指導するのが一般的です。しかし、試合に対する意識を高め、他の

学生を指導する筆者

部員も良くなるように全体指導が必要と考えました。このことがチームワークの創造にもなり、全体の士気が上がることを期待しました。

朝稽古と夕方の稽古を終えたあとは、朝食と夕食を共にするようにしました。食事中、様々な話をする中で、一人一人が自覚と責任を持ち、意識を高めていくことを願っての食事会です。

今の学生達は二世です。私が指導をした本学卒業生の子供がかなりの割合で在籍しています。現役学生から見れば父親の先生、年齢は50歳ほど違います。従って、彼らを受け入れる力量が私には必要でした。私は一週間で調整をするのではなく、一週間で仕上げることを決め、訓練的な要素をふまえ、試合に向けて一体感を創り上げることをめざしました。稽古は短時間で激しく厳しく行い、意欲を刺激するようにしました。

その結果、試合においては一回戦、二回戦、三回戦（ベスト16）と進む中で試合は三回戦で敗退したものの、安心して試合を見る事ができました。それは「気力が充実したこと」「思い切った捨て身の打突ができたこと」「打突に対して応じることができ技が繋がったこと」などができたからです。特に顕著であったのが返して打つ、応じて打つ事ができ、技が繋がったことでした。「切り返しの切り換えし」の稽古と応じ技の稽古から、構えの中で相手の打突に対して返して打つことができ、応じて打つことができる自信から、間合いにおける攻め合いにおいて余裕を持って攻め、気力が充実したものと思われます。

以上のことから、彼らは一週間で成長したように感じました。剣道は人間力。人間の力を技として発揮するのは、素直な心で取り組みであり、常日頃は「一生懸命」、試合となれば「命懸け」が上達の秘訣と感じました。

この様に現状を把握し、初心に返って原点を見直し、何をなすべきかを考えて指導する事が伸びていくとの実践事例です。剣道の指導は、60歳を過ぎてから本当の指導ができるのではないかと思います。と申しますのは、様々な経験と研究を積み重ね創造性豊かになり自信を持って指導することが指導される側に真意が伝わり意欲を高めるからです。能く能く研究することが伸びていく証です。

次回は最終回であり、筆者自身が「無形の位」つまり原点回帰で、これまでの剣道を見直し「攻応一致」の剣道を構築した実践事例を述べたいと思います。

# 第12章

# 攻応一致の実践事例と相応一致の剣道を目指して

いよいよ最終回となりました。思い起こせば昨年の正月から執筆をはじめアッという間の一年間でした。読者の皆さんには拙い文筆にお付き合い頂きありがとうございました。停年退職記念の最終講義を終え、47年間の安堵の思いがつのると同時に本誌も最終回となりました。本題に入る前に、第1回でも述べさせて頂いた様に「思うままに」綴ってみます。

## 定年がなくなる、定年が消える

企業では、60歳定年がこれまで定着していました。しかし、人口の高齢化、年金支給年齢の引上げなど国の施策の改正に伴って定年が65歳に引き上げられつつあります。また、60歳から65歳の間は定年再雇用といった採用もなされています。日本は高齢化社会になり男性の平均寿命は、おおよそ80・2歳で女性は86・6歳となっています（厚生労働省平成25年簡易生命表）。つまり、定年後10年から20年以上生きる時代を迎えました。

私は「定年がなくなる」「定年が消える」と予測しています。何故ならば、若者が少なく高齢者が多い時代になったからです。最近、子供の遊んでいる姿が見られない。通学路は少人数の子供達が歩いている。一昔前では通学路は長蛇の列でした。町道場の指導者にお聞きしますと昔は門下生で道場が一杯でしたが、最近の入門者は数人の少年少女の剣士しかいないとお聞きします。

一方、高齢者は隠居どころか健康で活き活きと生活されている方々が多い。私が利用している喫茶店は、早朝5時30分ころから高齢者で一杯です。剣道界も健康で活き活きと生活されている高齢者が多くなり、高齢者大会も年々増加の傾向が見られます。まさしく生涯剣道の到来なのです。

現在の高齢者は、日本の高度経済成長時代に様々な体験と経験を積まれ、創造性豊かで優れた技術や叡智を兼ね備えている方々が多数いらっしゃいます。

現在は若者が少なくなり、65歳以上の高齢者の割合が25パーセントに達しています。まだまだ元気で健康な高齢者は多いことから健康な限り働く時代になりつつあると思います。年金が少なくなり、受給できない可能性が問われている事もあいまって高齢者は働かなければならない時代となることでしょう。自分の能力の限界がきた時に引退を申し出る社会システムへと変わっていくと考えています。従って、生涯健康の要素を備えている剣道を続けることが肝要です。

## 定年退職の最終講義で思う

筆者は、正直なところ決して剣道の稽古は楽しくない、苦しいのが本音です。ゴルフを始めた頃は、ラウンドに出るのが嬉しく夜中に目を覚ましウロウロしながら朝を迎え出掛けたものです。ゴルフは遊びの要素と競技的要素を備えているから楽しいのです。

一方、剣道の稽古は「楽しい」ものではなく「苦しい」ものです。それは真剣勝負の「生きるか、死ぬか」の斬り合いの場で創造された要素をふまえているからです。然らば何故、剣道を続けてきたのであろうか？　を考えてみます。

手ほどきを受けた若い頃は、「試合に勝ちたい」「強くなりたい」一心で稽古が続けられたのです。その後、

最終講義をする筆者

指導者として指導しなければならない立場に立った為に技能力（地力）のレベルアップを図り、その指標となる昇段審査を受審した事。さらに研究する事により分からない事が明らかになってきた事。そして自身の目指す剣道が構築できた事。同時に、剣道が仕事に役立つ事やより良い剣友ができた事。はたまた稽古に集中すると稽古後の爽快さやビールがうまいことが続けられた要因であったと思います。

この様に小生を含め多くの剣道を志す人たちは、年齢とともに各々の段階を経ながら稽古に取り組み、目標や日的を達成しながら精進しているのです。それは、生涯剣道としての要素を備えていることが剣道の特性であるからでしょう。

日本の剣道は、様々な叡智を決集して剣術から剣道へと創り上げたことが日本の文化として世界に誇る文化遺産であると思うのです。この剣道文化を世界の人々に学んで頂くことが世界平和の一助に繋がることを願っているのです。その為には、「正しい剣道」、「よい剣道」を学び、後世に伝承しなければならない責務があると考えるようになったのです。

今後は、剣道の中に内在する素晴らしい文化、たとえば「礼の文化」「清掃の文化」「用具の整理整頓の文化」「結びの文化」「心の文化」「気の文化」「間の文化」「心気力一致の文化」「気剣体一致の文化」「残心の文化」などを「何故か」「どうしてか」「どのようにすべきか」を説き、人間としての必要条件を実践し、生活に役立つ十分条件を創出することが必要となると思います。そして、生き甲斐を感じる絶対条件を構築することが世界平和に役立つことにつながると考えています。

江戸時代に構築された柳生新陰流の「活人剣」は、ヒトを活かす平和を理念としたものでありました。今後の剣道は、文化的要素を研究分析し、伝承することが必要条件といえないでしょうか。

中京大学での最終講義のテーマは、「半世紀に渡る　剣の道・研の道・人の道」と題して講義と実演をさせて頂きました。前述のように修行過程つまり、これまでの教育・研究と剣道修行の実体験と稽古を発表させて頂きました。実演では、日本剣道形を堀山健治教授（教士八段）と地稽古は、小磯透教授（教士七段・教科教育法・教職担当）と村瀬直樹君（五段・大学院博士後期課程1年）にお願いしました。参加者は本学教職員と学生および地域の剣道愛好者の皆さんでした。日本剣道形は、皆さんもご存知の通り、剣の理合を学ぶもので剣道の叡智を結集したものです。地稽古は、これまで積み重ねた技量をさらに向上させる為に行なうもので、自他ともに修練する事です。今回特に稽古においては、地稽古から打ち込み、懸かり稽古、そして切り返しを息の続く限り実践して頂きました。

最終講義の後、教職員の皆さんは初めて剣道の実践を見る事から、「剣道は凄いですね、年齢を重ねても若いヒトたちと稽古を行なっても意図も簡単に対応する事と同時に打ち込み・懸かり稽古・切り返しで息の続く限り実践する稽古法（日本のトレーニング文化）稽古法に驚愕させられました」と述べられました。この様に剣道は加齢とともに強くなる可能性がある事実を発表させて頂いたのです。

## 攻応一致の実践事例

柳生先生から「無形の位」を学び、「無形」つまり原点回帰のゼロから剣道を見直す60歳代でした。前回は、「切り返しの再構築」と「切り返しの切り換えし」の発見から実践事例を述べさせて頂きました。今回は、自ら実践した「懸迎一致」の心法と技法から攻応一致の剣道についての実践事例を紹介します。

古来より剣道家は、「戦いの場」において命懸けで勝つ為の剣の理合を研究、工夫してきました。その極意を一子相伝、つまり弟子に相伝し、他者には公表しないのが一般的です。これまで研究・工夫そして修行してきた事例を世に示す事は極めて勇気のいる事でもあり僭越な事でもあります。しかし、事例研究を発表する事も今後の指導に役立つものとして有用かつ意義あるものと考えています。

筆者は50歳代の前半までは体力を温存し、全日本強化選手のトップアスリートや学生に対しても「攻防一致」の攻撃剣道や「懸待一致」の理合剣道で充分に稽古が可能でありました。ところが、50歳代後半から体力の低下を感じる様になり60歳を過ぎてから加速度的に体力の低下を実感しました。自らの事例を通して、50歳代後半から体力が落ちても勝てる、打てる稽古の研究・工夫に努めました。そして数年後にわたる日々の錬磨を繰り返すことによって、60歳半ばでようやく「攻応一致」の剣道が構築できるに至ったのです。

そこで「攻応一致」の剣道の構築に至る基礎・基本的な「中心を取る」事例を概観します。

## 自己の中心を取る

自身の中心を取る為の基本的な事は姿勢と構えを、どのようにするべきかです。姿勢、構えの軸が崩れない様にする事が肝要です。

**①姿勢の中心軸**

背筋を中心軸にして心眼・腹心・足心を意識し姿勢を正し相手と対峙します。この場合、全身から自然に滲み出る気のエネルギーを意識することが肝要です。つまり、自己の姿の形を創るのです。

**②構えの中心軸**

これまでの構えは、左拳をヘソ前（正中線上）で構えることが常です。これに対して「攻応一致の剣道」では、左拳を左に移動させ親指の付根がヘソ前になるように構えたのです。この修正によって、竹刀操作と身体の動きが自然に可能になったのです。つまり、相手の攻めと打突に対して瞬時に仕掛け打突することと応じて打突する両面が余裕を持って対応できるようになったのです。攻防動作における相互作用の中で攻応一致の構えを創出する事により打突の好機をゆとりをもって伺うことができるようになったのです。

## 相手の中心を取る

自身の中心軸が崩れない様になれば、次は相手の中心を取る事であり、これは一つには攻め、崩す事でもあります。

**①表鎬で中心を取る**

相手が剣先で表を攻めてきた場合には自己の表鎬のいずれかの一点で中心を取るようにする（その際に相

手を攻め返す、あるいは体をさばくことをおこなってはならない）。これは、攻めと応じを創出することによって相手の打突に対して対応する事が可能となるのです。つまり、相手との間合いの間隔は近い場合や遠い場合があり、その状況で1点が広がりを持つ事になるのです（裏鎬についても同様）。このように相手と対応することによって自己の中心軸が崩れない状態を保持することが可能となったのです。従って、相手が良く見えるようになり、打突の好機を捉えることが容易にできたのです。ここでいう一点は、相手の攻めの強さと間合いなどにより無限な広がりを持つことになります。

### ②裏鎬で中心を取る

相手が剣先で裏を攻めてきた時に、表鎬で中心を取ると同様に裏鎬の一点で中心を取る。この場合、注意しなければならないのは、左拳が右に移動し正中線から外れ防禦姿勢の霞の構えにならないことが肝要です。つまり守りの構えにならないことが必要であり、そのためには左拳が動かないことが攻応一致の剣道を可能とするのです。

## 間合いで中心を取る

間合いは遠間、一足一刀の間、中間、近間に大別されます。これまでの稽古では、攻め合の攻防動作の中で如何に一足一刀の間を創り相手を攻め中心を取って打突するように心掛けてきました。しかし、60歳を過ぎてからこれまでの間の取り方を一新し、遠い間合いに変えたのです。つまり、体力がなくなる事により、スピード・パワーが衰え若い剣士と同等の間合い（距離）で打ち合ったとすれば、当然のことながらスピード・パワー・筋力に優る若い剣士には勝てません。従って、打突までの空間的・時間的・距離的な間が創れる「遠い間合い」で攻防動作を行う事により、自己の中心と相手の動きが瞬時に察知できるようになったのです。さらに、遠い間合いから「触刃の間」になり、さらに「交刃の間」で攻防動作を繰り返す中で内的中心と外的中心を取ることが可能となりました。つまり、相手の攻めに対して「迎える」内的な精神作用ができるようになったのです。

このことから、年齢による体力の衰えに対し、間を調整し年齢差を克服することで楽しく剣道ができるようになったのです。試合や審査において加齢とともに間を詰めた立会をしている傾向が見られます。しかしその発想を転換し、遠い間合いで中心を取る稽古を心掛けることが肝要と思われます。

## 剣先を外し、中心を取る

剣先で相手の中心を攻めている中で「剣先を外す」ことが打突の好機を生み出します。図12―1は、剣先を外す際の状況を示したものです。相手の剣先に対して自己の剣先を左右、上下、斜めに変化させる。この変化によって相手を打ち気にさせ、隙の生じた打突部位を自由自在に打ち切ることが可能となるのです。つまり、相手が打ち気になることと心が居着く・動揺する状態を創るのです。

この場合、自己の身体の中心軸は保っていなければ効果がありません。剣先を外す場合は、縦軸と横軸そして斜め軸の一点に外すことにより、相手が打ち気になる場合と居着く場合を瞬時に読み取り対応することが肝要となります。その場合、内面は「懸りの気」が必要条件です。

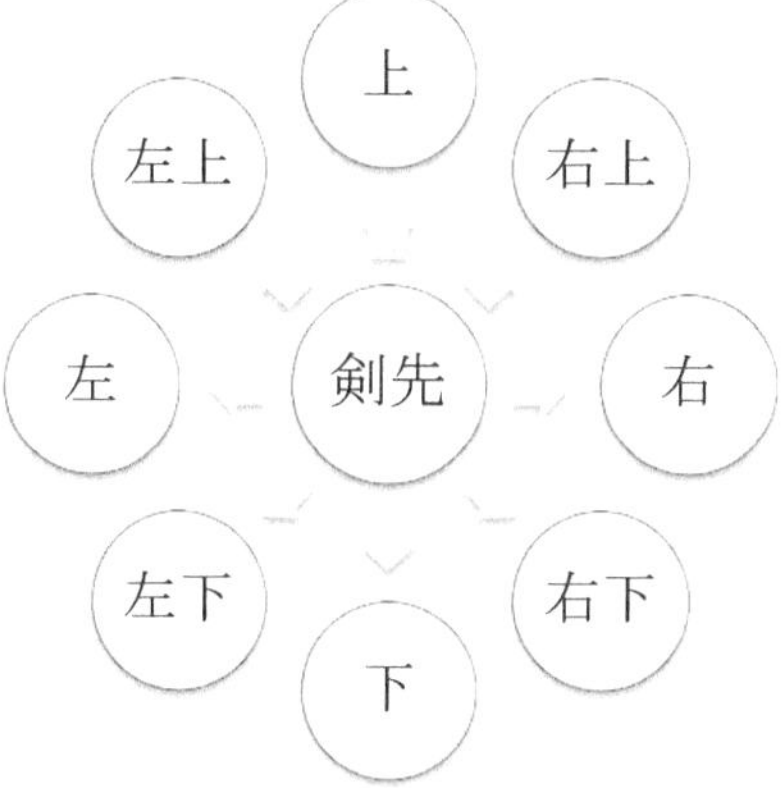


図12―1　剣先の外し方（縦軸・横軸・斜め軸に剣先を外す）

## 「ゆるゆる握り」で中心を取る

以上のことから自己の中心を取る　相手の中心を取る　間合いで中心を取る　剣先を外し中心を取る、について述べましたが、これらを網羅するためには、所謂「ゆるゆる握り」で竹刀を保持していることが最も重要であるといえます。

相手に攻められ崩されたときや打たれた場合は竹刀を握らされています。また、足が居着いたときには打突される危険性がもっとも高いときです。したがって相手の攻めに対していかに力を抜くことができるかが「中心を取って勝つ」ことにつながるのです。

外面的には肩の力を抜き、内面的に下丹田に力がこもる呼吸法が必要不可欠と思われます。これらの事から、背筋の中心軸と下丹田の力を鍛えられれば勝機を得る可能性が広がると言えます。これらの事が「攻応一致」の基盤となった所以です。

# 攻応一致の剣道の実践的検証

50歳代までの攻防一致の剣道から60歳から現在まで追求してきている攻応一致の剣道として筆者が実践的に検証した11項目は次のとおりです。

### 1、竹刀の握り方

剣道の連続動作（技の繫）を常に意識するため、竹刀と身体の動きを滑らかに連携させることが必要になります。従って、リラクゼーションを図るため、ゆるゆる握りで竹刀を指で握るようにしました。また、柄頭いっぱいで握っていたのを小指半掛けで握るように心掛けました。このことは、小指、薬指で瞬時に握ることによって手首の伸展が可能となり、冴えた打や打ち切った打突が可能となります。

## 2、竹刀の握りの太さ

年齢とともに筋力や身体諸機能は低下します。その各機能の低下を補う為に左手の握りの太さをおおよそ

攻応一致の剣道を実践するため、構えについては竹刀の握り方、竹刀の握りの太さ、右手と左手の間隔、構えた時の左手の位置、剣先の位置、重心の位置を検証した

20・4ミリから19・1ミリに変えました。握りが太いと握力や関連する筋力が必要となります。若い頃は力もあり太い握りでも竹刀操作が可能でした。しかし年を重ねるにつれて打つための力が低下します。したがって、竹刀操作をいままでと同様な状態で維持できるように握りの太さを変えるに至ったのです。

### 3、右手と左手の間隔

前項2でも述べましたが、筋力低下がその要因となります。それは、筋力がある場合には右手と左手の幅が狭くても充分な打突が可能です。しかし、筋力が低下するとそれを代償する手法を創る必要があります。その為に柄の長さを変え、右手と左手の幅を長くすることを試み、最も良好な握りの状態を創り上げたのです。このことから柄の長さを32センチから36センチに変えました。その結果、左手を支点としたテコの原理を有効にすることが可能となり、応じ技（すり上げ・返し・抜き・打ち落し）への展開がスムースにおこなえるようになったのです。

### 4、構えた時の左手の位置

これまでの竹刀の構えは左拳をヘソ前（正中線上）に置いていました。これに対して「攻応一致の剣道」では、前述のごとく左拳をやや左に移動させ親指の付根がヘソ前になるように心掛けました。これは、相手との攻防動作における相互作用の中で攻応一致の構えを創出し、それによって打突の好機をゆとりもって伺うことが可能となりました。従って、相手の攻めと打突に対して瞬時に仕掛けて打突することと応じて打突することの両面が余裕を持って対応可能となったのです。

### 5、剣先の位置

これまでの構えにおいて、竹刀の剣先は、相手の咽喉部に付けていました。これを相手の左目に付け表鎬の1点で中心を取ることを心掛けました。この場合、逆に相手の攻めに対して裏鎬の1点で中心を取るようにすることを想定することも必要となります。従って、その両面を状況に応じて対応するように心掛けたのです。このように、常に自分の姿勢の中心軸を崩すことなく対応可能な状況を創り上げていったのです。

## 6、重心の位置

若い頃の競技剣道に勤しんでいた時は、足幅は広く重心をやや前に置くようにしていました。50歳頃からの重心は、左右均等加重にし、左足の踵をやや浮上させていました。60歳を過ぎてからは右足をやや浮かし、逆に左足の踵を殆ど浮上させないようにして左足に重心が移るようにしました。この時の体重の掛け方は右に4、左に6の割合になるように心掛けました。これは、体捌きや応じを繰り出す際に腹攻め、腰攻めを自発し、身体の動きを自由自在に変化できるようにしたのです。

## 7、間合いの取り方

若い頃から50歳代までは一足一刀の間合いからさらに一歩攻めながら技を繰り出す稽古をしていました。60歳を境にその間を遠い間合いにしました。そのことにより遠い間合い、つまり「触刃の間」になり、さらに「交刃の間」で内的中心と外的中心を取ることが可能となりました。

触刃もしくは交刃の間から一足一刀の間までの距離で自らの攻めを誘発させることをめざし、一足一刀の間までで相手との均衡状態（合気）に至った時には、出頭を捉える先の気で精神的充実を図るようにしました。そして、相手の竹刀を「張る」「押さえる」「捲く」「払う」「打ち落す」などの竹刀操作によって相手を崩し、有効な打突へと繋げることを可能としたのです。さらに、交刃の間合いから相手が打突してきた際には空かさず応じに転ずることが可能となったのです。

## 8、攻め方

攻めは、一般的に「気攻め」「剣攻め」「体攻め」が基本的要素となります。筆者も50歳代に至るまでは、この攻め方を中心に剣道の修行をおこなってきました。60歳代を超えるとこの3要素に「打攻め」と「突き攻め」を加え5つの要素を巧みに連携させるようにしました。ある時は「打攻め」の要素を強くし、或は「突き攻め」を強くするなど、対峙する相手によって複合的に攻めるように心掛けました。これは、無限大に近い広がりを持ち、「突き攻め」から「剣攻め」、「気攻め」から「突き攻め」がそれに相当します。そし間合の取り方、攻め方などを検証し、相手の打突に対して瞬時に応じて打つことで、次の技へと繋げることをめざした

て、それらを状況に応じて種々の攻めを組み合わせることによって、多様な打突に繋いでいくことが可能となったのです。

## 9、打突後、次の打突への繋ぎ

一般的に打突後は、一連の動作が完結します。ところが、打ちが不十分であった場合でも動作が完結することも多い。60歳以降では、これを改め、次々に技が繋がるように身構え・気構えを意識しました。それは、打ち切る打突と体の崩れが生じないように心掛けたのです。このことによって技の繋ぎが打突時の一連の流れの中で可能となったのです。また、相手が打突してくる殆どの場合には受けに終始することが多い。しかし、受けたら瞬時に応じることを意識し、応じて打つことによって次の技へと繋がることを可能としたのです。

### 10、相手の攻めに対する対応

一般的に言えば、相手の攻めに対しては「前さばき」が通常となります。ところが、60歳以降では攻めに対して左手を下げ肩の力を抜くようにしました。これにより、攻めに対するリラクゼーションが可能となるとともに「溜め」の創出が可能となったのです。そして自らの精神的な余裕をもたらし、位の高い状況を創出し「迎える」気構えを心掛けたのです。相手の攻めの起こりや動きそのものを以前より瞬時に察知できるようになったと感じました。これまでの錬度の成果と言えます。つまり、観見二つの目付の体得となりました。「観の眼、強く」「見の眼、弱く」が可能となったのです。この事が「懸迎一致」の動機となったのです。

### 11、素振りの方法

通常の素振りは素早く力強く振ることが一般的です。ところが、60歳以降では体力の低下も相俟って力強く振ることよりも抜力による振りを心掛けるようになったのです。それを創出するために3つの方法を試みました。

1つ目は、全く力を入れないで刃筋正しく竹刀を振る。2つ目は力を抜きつつ振り下ろして打つ（止める）。その際に、肩の力を抜いて止め、下丹田に力が入るようにします。

そして3つ目は、同様の過程を経て肩、肘、手首を連携させます。それは振り下ろす左手の位置が水月（鳩尾）に達した時点で左手を引き手、右手を押し手として竹刀を瞬時に小指・薬指で握ります。このことによって、両手首が伸展することとなり、「冴えた打」を創出することになったのです。つまり、テコの原理の応用として最後に「打ち切る」ことを目指したのです。

以上の11項目を見直し、「懸迎一致」の心法と技法から「攻応一致の剣道」が可能となったのです。剣道は年齢とともに伸びていく可能性があります。それは自身が自ら新たなものに挑戦する事も必要でしょう。先人の教えに従い研鑽を積む事も必要でしょう。しかし、その教えを基盤にして新たなものを創造しなければ進歩はみられません。

私は、「攻応一致」「懸迎一致」、そして「相応一致」などこれまでに使われていない用語を発見して使いました。先人が新しい言葉を創造して表現した様に、さらなる進化を遂げるためには科学的研究が必要かと思われます。

例えば、私は武道論の講義の中で柔道や剣道の理念を比較検討します。剣道の理念は、「剣道は剣の理法の修練による人間形成の道である」と説いています。この理念も素晴らしいですが嘉納治五郎の説いた理念は「精力善用」「自他共栄」と最も端的で分かりやすく唱えています。私は柔道の理念の様に最も端的にできないものかとあれこれ考えた末、「生力剣用」「自他共創」と定義づけてみました。

新たなものを創造する事が進化し続けるものと思われます。古来の教えを学び新たなものを創造し創出する事により進化すると考えられます。

剣道の切り返しは、他のスポーツに見られない素晴らしい鍛錬法です。つまり、心技体を同時にトレーニングできるのです。また、懸かり手と元立ちが共に技能のレベルアップをはかることができるのです。これらの事から、切り返しの稽古法を見直し「切り返しの切り換えし」を考案しました。この事により、「受けっ放し」にならないで技を繋ぐ事が可能となったのです。この稽古法が「懸迎一致」から「攻応一致の剣道」が構築できたのです。この様に新たな事を創造する事により剣道が伸びていく証なのです。

## 70歳からの相応一致の剣道

60歳代は、攻防動作から懸かり迎える「懸迎一致」を編出し「攻応一致の剣道」を構築した年代でした。70歳代は「相応一致の剣道」を目標に設定しました。

現時点では今後どの様な修行が必要になるかは想定できません。これまで培ってきた事例を発展させ、相手と対峙し「あいふさわしい」状態を創出することが求められます。

「相応一致の剣道」を構築するための課題は、どのように設定すべきかを研鑚しなければなりません。その一つの方法として筆者自身に欠如していることを見極め克服することから手懸ける必要があります。この積み重ね（錬磨）によって「相応一致の剣道」の構築が創出できるのではないかと考えています。

しかし、現段階では年齢的にもその域に到達していないことは十分理解しています。これまでの修行過程から、さらに実証的に1つずつの事例の検証を試み、より進化できるよう剣の道を歩むことを心掛けるものです。

この連載をお読み頂いている岡村忠典先生からお手紙を頂き、「70歳代は、これまで以上に体力が落ちますよ。身体が思う様に動かなくなります。理論的には分かっているけれど思う様に剣道ができない」と述べられていました。

私は、70歳代から80歳代の剣道家の体力測定を行なっている事から、体力は加速度的に低下することは予想していました。岡村先生の言われる事はよく理解できたのです。

私は、恩師である近藤利雄先生の「体力の経年変化」を愛知医科大学の運動療育センターで78歳から88歳までの体力測定を実施して頂きました。89歳のとき運動療育センターの医師から、最大酸素摂取量や最大筋力の測定は命に関わることから、これ以上できませんと断られたのです。そこで近藤先生に申し上げたところ「大丈夫だ、まだまだ実験できる」「酸素摂取量や筋力測定が駄目なら他の測定をすればよい」と言われましたが、医師が測定しないと言っているから「勘弁して下さい」と言わざるを得ませんでした。

学生を指導する筆者

近藤先生は、その後も元気で稽古を続けられ、96歳でこの世を全うされました。近藤先生の最後の言葉は「剣道は素晴らしい。剣道は人の命を救う力がある。剣道は呼吸だ。剣道を長く続けてきたが、いつまでたっても呼吸は乱れる。呼吸法を研究せよ」との言葉が最後でした。

私は２０１４年4月1日から稽古を行なっていません。一年間稽古を行なわないで体力を落とし71歳から、再出発しようと試みたのです。つまり、今年の4月から再び稽古を開始し、新たな剣の道、つまり「相応一致の剣道」に向けて、これまで積み上げてきた心技体を命の限り継続したいと思っています。おそらく、三歩一吸から始まり、調息丹田呼吸法が必要不可欠でしょう。また、相手と対峙したとき「あい相応しい」状態を創出する事に到達するものと考えています。そのためには、日常生活の中で心身の安定と身体のケアが必要となることでしょう。

また、相手と対峙したときに絶対感覚の創出があるのではと考えています。相手の竹刀に触れる感覚、竹刀を握った感覚、足の床感覚、相手と自己の呼吸感覚、道場での「場」での環境感覚などが必要条件と考えています。

そこで思い当たるのが岡山県の剣道範士石原忠美先生です。石原先生は、相手と対峙したときに剣先で相手の竹刀に常に触れ、呼吸を終始一貫、吐き続け「間」を図っておられます。これらの事も今後の修行のヒントになります。しかし、その域には達していません。これからが本番です。

# あとがき

本書は、体育とスポーツ出版社発行の月刊「剣道時代」誌に、2014年7月号から2015年6月号まで、連載されたものをまとめたものです。

顧みれば、定年1年前の正月、『剣道時代』の小林伸郎編集長から「年齢とともに伸びていく剣道」のタイトルで執筆の依頼を受けたのが連載のきっかけでした。連載が終わり単行本にして頂く事から、改めて目を通してみると文才のなさに赤面しました。何故ならば、筆者の考え方や研究そして体験・経験および稽古事例を文字として表す事の難しさが多かったからです。

この原稿を書いている最中、東京武道館で開催された剣道八段審査の結果が発表されました。1日目、受審者数778名、合格者4名、合格率0・5%で第2日目、受審者数1046名、合格者5名、合格率0・5%でした。合格者の平均年齢は、52・0歳でした。このように八段審査は合格率が1%を割る最難関の審査であり、また若年・中年層の合格者が多く、高齢者の合格者が少ない事から、著書のテーマである「年齢とともに伸びていく剣道」と相反しています。今一度、年齢とともに伸びていく稽古の仕方を工夫する事が肝要と思われます。

筆者は停年後、再び学生指導に勤しんでいます。指導のテーマは「0からのスタート」と題し、これまで修行してきた実践事例や研究事例を基に、さらに磨きをかける事を目的としたのです。キーワードは生活力・人間力・指導力とし、指導に取り組んでいます。具体的には、「科学と根性論の融合」が現代剣道の指導に必要条件と考えています。これまでの科学的研究に基づいた指導と精神論、つまり日本に伝わる〝根性論〟を構築することがベストであると考えました。何故ならば、最近の指導は根性論が否定され、日本人の精神力が低下していると考えたからです。科学的根拠に基づいた競技力のレベルアップを図り、それを現場で発揮する為には、優れた精神力が絶対条件であり、いわゆる〝根性〟と言われる人間力を高めることが若年層に必要と考えたのです。

この様な事を考えながら剣の道を歩み始めました。剣道は奥が深く自らの稽古と学生指導を通して、70歳代『相応一致』の剣道を開眼できればと思いつつ、本章の末筆とさせて頂きます。

本書出版にあたり懇切丁寧にご指導頂きました小林伸郎編集長に感謝申し上げます。

合掌

2015年師走

林邦夫（中京大学名誉教授）

はやし・くにお／昭和19年岐阜県生まれ。岐阜農林高から中京大に進み、卒業後は同大学体育学部助手を経てスポーツ科学部教授・同体育会剣道部長等を歴任。平成27年３月退職。主な戦績として全日本選手権大会出場、全国教職員大会出場、全日本東西対抗出場、明治村剣道大会出場、全日本選抜八段優勝大会出場などがある。中京大学名誉教授、剣道範士八段。

本書は『剣道時代』二〇一四年七月号～二〇一五年六月号に掲載した「年齢とともに伸びていく剣道」に加筆・修正したものです。

年齢《ねんれい》とともに伸《の》びていく剣道《けんどう》

平成28年５月５日　第１版第１刷発行
令和６年５月５日　新装版第１刷発行

著　者　林　邦夫
発行者　手塚栄司
組　版　株式会社石山組版所
編　集　株式会社小林事務所
発行所　株式会社体育とスポーツ出版社
〒135-0016　東京都江東区東陽2-2-20 3F
TEL 03-6660-3131
FAX 03-6660-3132
http://www.taiiku-sports.co.jp
印刷所　株式会社デジタルパブリッシングサービス


ISBN978-4-88458-449-8　C3075 Printed in Japan